David Heinrich Müller

Ezechiel-Studien

David Heinrich Müller

Ezechiel-Studien

ISBN/EAN: 9783744658478

Hergestellt in Europa, USA, Kanada, Australien, Japan

Cover: Foto ©ninafisch / pixelio.de

Weitere Bücher finden Sie auf **www.hansebooks.com**

EZECHIEL-STUDIEN.

EZECHIEL-STUDIEN

VON

D^{R.} DAV. HEINR. MÜLLER,

ORD. ÖFF. PROFESSOR AN DER K. K. UNIVERSITÄT WIEN.

BERLIN.

VERLAG VON REUTHER & REICHARD.

1895.

Druck von Adolf Holzhausen,
k. und k. Hof- und Universitäts-Buchdrucker in Wien.

Vorwort.

Die Bibelkritik hat das Buch Ezechiel, das lange verkannt und vernachlässigt worden war, in den Vordergrund gerückt. Das Buch, dem man anfänglich die Aufnahme in den Kanon verweigern wollte, steht heute im Mittelpunkte biblischer Forschung. Jedenfalls hatte dies zur Folge, dass man sich eingehender mit dem Inhalte zu befassen und die Eigenartigkeit des Werkes zu ergründen anfing. Vornehmlich sind es zwei Arbeiten, die in jüngster Zeit das Verständniss Ezechiels gefördert haben: die Commentare von R. Smend und C. H. Cornill. Ersterer hält nach Möglichkeit an dem massoretischen Text fest und sucht die Stellung Ezechiels im Kanon durch umfassende Vergleichung der übrigen biblischen Schriften und Heranziehung von Parallelstellen zu bestimmen. Die Bemühungen Smend's und sein darauf verwendeter Fleiss verdienen alles Lob; es ist in dieser Beziehung eher etwas zu viel als zu wenig geschehen. Cornill hingegen richtete seine Aufmerksamkeit insbesondere auf die Beschaffenheit des Textes und war bestrebt, gegen den Text der Massora den der Septuaginta zur Geltung zu bringen, indem er ihn nicht nur auf Grund aller zugänglichen Handschriften, sondern auch durch Benützung der Versionen in mustergiltiger Weise zu reconstruiren unternommen hat. Auch darüber hinaus versuchte er mit Hülfe einer kritischen Interpretation zur Urform des Textes vorzudringen. Die Arbeit Cornill's verdient durch ihre Kühnheit und ihren Scharfsinn, wie nicht minder durch den bienenhaften Fleiss alle Anerkennung und Bewunderung, fordert aber auch sehr zum Widerspruch heraus.

Während demnach Vieles, was zum Verständnisse Ezechiels von aussen her beitragen kann, in sehr dankenswerther
Weise von den beiden Commentatoren beigebracht worden ist,
scheint es mir, dass der Prophet selbst in seinem inneren Zusammenhange, in seiner Denk- und Schaffensart, wie nicht
minder in seiner Beherrschung und Verwerthung des Sprach-
materials nicht genügend erforscht worden ist. Und doch muss
jeder Schriftsteller zuerst aus sich selbst studirt und inter-
pretirt werden. Mein Bestreben war also in erster Reihe darauf gerichtet, wie ich es in der Epigraphik stets gewohnt war,
jede Inschrift zunächst aus ihr selbst zu entziffern, den Propheten aus dem Propheten selbst zu verstehen und zu erklären,
weil die aus erster und ursprünglicher Quelle geschöpften Aufschlüsse gewiss massgebender und werthvoller sind als alle aus
anderen Schriften herbeigeholten Parallelen oder gar aus zweiter
und dritter Hand herbeigeschafften Lesarten. In wie weit es
mir gelungen ist, aus diesem tiefen Schacht zu schöpfen, mögen
Andere beurtheilen — an liebevoller Versenkung hat es gewiss
nicht gefehlt.

Wenn ich daneben, abweichend von meinem Vorsatze, auch
von weit her mancherlei herbeigebracht habe, was den überlieferten Text sichert und das Verständniss des Propheten fördert,
darf ich wohl auf die Nachsicht des Sachkundigen rechnen.

Wien, den 19. Juli 1894.

Die Vision vom Thronwagen.

Die Vision Ezechiels ist in der prophetischen Litteratur einzig in ihrer Art. Die Unkörperlichkeit und Unfassbarkeit Gottes sind dem Propheten und seiner Denkweise aufs tiefste eingeprägt, und dennoch versucht er in menschlicher Sprache und in plastischen Bildern „die Herrlichkeit Gottes" zu beschreiben und zu schildern. Nicht in der gewaltigen und erschütternden Art, wie sie dem Propheten Elijahu erschienen (I Kön. 19, 11—13) und die man am liebsten als „die Macht Gottes in der Natur" bezeichnen möchte, sondern in phantasiereicher, symbolischer und dabei streng descriptiver Weise. Ezechiel war unzweifelhaft einer der realistischesten und kenntnissreichsten Propheten, der einen offenen Blick und ein klares Verständniss hatte für Erscheinungen der Natur, der Technik und der Kunst. Er wusste mit dem Zollstab des Baumeisters ebenso umzugehen, wie mit dem Griffel des Schreibers; was er in der Natur geschaut, weiss er in scharfe und hervorstechende Bilder umzuprägen, und sein Blick reicht weit hinaus über die enge Mauer des Heiligthums und die beschränkten Verhältnisse des Exils. Wie er früher genau und sorgfältig das Getriebe auf dem Völkermarkte von Tyrus beobachtet, dessen Handelsverbindungen er in so grossartiger Weise schildert, ebenso hat er als Exulant die gewaltigen Bauten Babylons auf seine Phantasie wirken lassen. Die geflügelten Stier- und Löwencolosse mit menschlichem Angesichte, welche als Wächter vor den Tempeln aufgestellt waren, haben einen unauslöschlichen Eindruck auf ihn gemacht und ihn zum Nachdenken angeregt.[1]) Dass er auch die Schriften der alten Propheten gelesen und in seinen Geist aufgenommen hatte, versteht sich von selbst. Seiner Neigung zur Architectur und Technik entspringt die Beschreibung des Heiligthums, die er gewiss nach einem ihm vorliegenden Plane angefertigt hat. Auch alle bildlichen Darstellungen, die an den Wänden und verschiedenen Geräthen des alten Tempels in Jerusalem angebracht waren,[2]) schwebten seinem Geiste vor und vermälten sich in seiner Phantasie mit dem jüngst Geschauten.

Bei seiner Vorliebe für technische Fragen und seinem Verständnisse derselben mag er in seinen Mussestunden am Kebarflusse sich damit beschäftigt haben, ein Vehikel zu ersinnen, welches in sich alle damals bekannten Mittel der Bewegung (Füsse, Flügel und Räder) vereinigte. Sehnsuchtsvoll den Blick nach dem Heimatslande gerichtet, sah er dem Spiel der Wolken zu, die, vom Winde gepeitscht, von leuchtenden Blitzen durchzuckt, in allen möglichen Gestalten und Farben einherstürmten. So sehen wir die Elemente der Vision im Geiste des Propheten entstehen und sich verbinden, und es bedurfte nur der prophetischen Extase, um das einzigartige Bild zu schaffen, das den Anstoss zu so verschiedenartigen Litteraturerzeugnissen und geistigen Strebungen geben sollte.

Bevor ich an die Betrachtung der Vision selbst herantrete, muss die Frage erörtert werden, welche Elemente Ezechiel bereits in den Prophetenschulen und bei den alten Propheten vorgefunden hat; denn eine historische Entwicklung beherrscht auch die Prophetie, und gewisse feste Formen, wie sie in der Kunst und Poesie beobachtet werden, herrschen auch in den prophetischen Schriften. Es ist längst erkannt worden, dass die Vision Ezechiels von der Jesaias' beeinflusst worden ist. Jesaias (6, 1) sieht „den Herrn sitzend auf einem hohen und erhabenen Thron ... Seraphim stehen oberhalb desselben, je

---

[1]) Noch genauere Berührungen zwischen den hebr. *Kerubim* und den assyrischen Stierkolossen will Friedrich Delitzsch „Wo lag das Paradies", S. 150 ff. nachweisen, jedoch hat Schrader in „Die Keilinschriften und das Alte Testament", S. 40 recht, die Lesung *ki-ru-bu* als noch der Bestätigung bedürftig zu bezeichnen.

[2]) Vgl. besonders I Kön. 6, 29. 32. 35 und 7, 29. 36.

sechs Flügel hatte jeder…" Auch bei Ezechiel befindet sich die Herrlichkeit Gottes auf einem Throne und die Träger dieses Thrones sind beflügelte Lebewesen oder Kerubim. Die Vorstellung „Gott auf einem Throne" kann natürlich erst aus der Zeit der Könige stammen. Moses sieht die Erscheinung Gottes als ein „brennendes Feuer" am Dornbusch, Elijahu erblickt sie im Sturm der Wüste, Samuel hört nur die rufende Stimme des Herrn. Wie kommt es, dass der Prophet Jesaias die Vorstellung Gottes als eines Königs eingeführt hat? — Solche Uebergänge kommen in der Dichtung und noch viel weniger in der Prophetie weder plötzlich noch auch unvermittelt vor. Wir besitzen in der That auch die Vision eines älteren Propheten, von dem uns nur wenige Verse erhalten sind, die ihn aber als einen der grössten erscheinen lassen — ich meine Michajahu ben Jimlâ.

Im ersten Buche der Könige (Kap. 22) wird von dem Kriegszuge, welchen der König Achab von Israel in Gemeinschaft mit dem Könige Josaphat von Juda gegen Aram unternommen hat, erzählt. Die falschen Propheten, 400 Mann stark, hetzen wie auch anderwärts den König von Israel in den Krieg. Auf Wunsch des Königs von Juda wird Michajahu ben Jimlâ herbeigeholt, der, aufgefordert die Wahrheit im Namen des Herrn zu verkünden, also spricht: „Ich sah ganz Israel sich zerstreuen nach den Bergen, wie Schafe, die keinen Hirten haben, und der Herr sprach: Die haben keinen Führer, es kehre Jeder nach seinem Hause zurück in Frieden." Als nun Achab sich tadelnd über diese Verkündigung äusserte, sprach Michajahu: „Fürwahr höre das Wort des Herrn: Ich sah den Herrn sitzend auf seinem Throne und alle Scharen des Himmels stehend ihm zur Rechten und Linken, und der Herr sprach: Wer will den Achab bereden, dass er zu Felde ziehe und falle in Ramôt-Gilead? Die Einen sagten dies, die Andern jenes, da trat der Geist hervor und sagte: Ich will ihn bereden. Und der Herr sprach: Auf welche Weise? Da sprach der Geist: Ich will ein falscher Geist sein in dem Munde all' seiner Propheten. Da sprach der Herr: Deine Beredung wird wirksam sein, geh' und thu' also."

Der Beginn dieser Vision stimmt fast wörtlich mit der Jesaias' überein:

ראיתי את יהוה יושב על כסאו
וכל צבא השמים עימד עליו
מימינו ומשמאלו:

ואראה את אדני יושב על כסא
שרפים עומדים ממעל .....
לו וכו'

Auch die Phrase: „Wer wird den Achab bereden" ist in der Jesaianischen Vision angedeutet durch die Wendung: „Wen soll ich schicken und wer wird uns gehen?"

Ueber die Abhängigkeit der Vision Jesaias' von der Michajahu b. Jimlä's kann kein Zweifel obwalten. Damit ist aber die Frage, wie der Versuch, Gott auf einem Throne als König mit seinem Hofstaate darzustellen, in die Prophetie eingedrungen, nicht beantwortet, sie ist nur aus der Zeit Jesaias' in eine frühere zurückverlegt. Die Antwort und die Lösung dieser Frage giebt uns aber ein Vers des gedachten Kapitels. Da heisst es (V. 9. 10): „Und es liess der König von Israel einen Eunuchen kommen und sprach: Bringe rasch herbei den Michajahu ben Jimlä. Und der König von Israel und Josaphat der König von Juda sassen da, ein Jeder auf seinem Throne angethan in (königliche) Gewänder, auf dem freien Platze vor dem Eingange des Stadtthores von Samaria und alle Propheten wahrsagten vor ihnen."

Als nun der wahre Prophet im Widerspruche mit der öffentlichen Meinung und im Gegensatze zum Wunsche des Königs seine warnende Stimme erhob und vom König hart angefahren wurde, da erfasst ihn der Geist Gottes und aus der Situation heraus erhebt sich sein Seherblick. Ueber aller königlichen und menschlichen Herrlichkeit steht die göttliche. Dort im Himmel sitzt auch ein König und auch dort wird Rath gehalten, aber die Beschlüsse sind anders geartet als die kurzsichtigen menschlichen Blicke es zu sehen vermögen. In dieser Schilderung liegt also der Keim der Visionen, die jeder Prophet in seiner Weise und nach Massgabe seiner Begabung und Gottesbegeisterung weiter ausgebildet hat.

Das Gesicht des Propheten Michajahu b. Jimlä, der mit dem Muth wahrer Begeisterung vor irdischer Macht und Pracht nicht zurückschreckt und mit Sehergeist die himmlische Berathung erschaut und verkündet, wäre ein Vorwurf würdig eines grossen Malers.

Nach diesen einleitenden Bemerkungen über die Genesis der Vision wollen wir an die Vision selbst herantreten. Sie ist nicht wie die Elijahu's und Jesaias' in grossen Zügen und wenigen Strichen hingeworfen, sondern sorgfältig und detaillirt ausgearbeitet und mit einer Gründlichkeit geschildert, die in jedem Zuge die Vorliebe zur Technik in unserem Propheten hervortreten lässt. Die Vision führt den Leser ins Buch ein und bildet den Schlüssel zum ganzen Buche. Es ist eine Gewohnheit Ezechiels, einen Gedanken, den er einmal gefasst, ein Wort, das er geprägt oder aufgegriffen, nicht bald fahren zu lassen. Der Gedanke wird nach allen Seiten aus- und weitergesponnen, das Wort in dem verschiedensten Sinne gedeutet. Es ist daher kein Wunder, dass er das grossartige Gesicht, das ihn in die Prophetie einführte, nicht mehr aus den Augen verlor. Es blitzt immer in seiner Herrlichkeit auf, denn es ist und bleibt das Erhabenste, das er geschaut.

Es müssen jedoch drei Hauptphasen der Vision unterschieden werden. Die erste (Kap. 1—3) bildet gleichsam für den Propheten die Introduction in die Prophetie. Die zweite (Kap. 8—11) schildert den Abzug der Herrlichkeit Gottes aus dem Heiligthum gelegentlich der Zerstörung der Stadt. Die letzte (Kap. 42, 1—2 und 43, 1—6) verkündet die Rückkehr der Herrlichkeit Gottes und die Besitznahme des neuerbauten Tempels.

Die erste Phase ist die wichtigste. Mitten im Chaldäerlande, am Ufer des Kebarflusses, erfasste den Propheten die Macht Gottes. Eine Windsbraut kam aus dem Norden, eine grosse Wolke, waberndes Feuer und Glanz rings herum und aus der Mitte etwas wie der Schein von Glanzerz (חשמל). Und mitten daraus war die Gestalt von vier Lebewesen sichtbar. Menschengestalt hatte jedes und vier Angesichter hatte jedes und vier Flügel jedes von ihnen. Ihr Bein war gerade (am Knie nicht gebogen) und der Fussballen rund und sie funkelten wie polirtes Erz. Menschenhände hatten sie unter den vier Flügeln auf allen vier Seiten. Sie wandten sich nicht in ihrem Gehen, jedes ging stracks vor sich hin. Ein Menschenangesicht hatten sie (nach vorn), das Angesicht eines Löwen nach rechts (Süden), das Angesicht eines Stieres nach links (Norden) und ein Adlerangesicht nach innen (Westen). Die Flügel hatten sie ausgespannt nach oben, je zwei mit einander verbunden und zwei bedeckten ihre Körper. Ein jedes ging stracks vor sich hin. Wohin der Wille war zu gehen, gingen sie, sie wandten sich nicht in ihrem Gehen. Zwischen den Lebewesen war es anzuschauen wie brennende Feuerkohlen, wie Fackeln hin- und hergehend zwischen den Lebewesen, und Glanz hatte das Feuer und von dem Feuer ging Blitz aus. Und je ein Rad war auf der Erde neben den Wesen an allen vier Seiten. Das Aussehen der Räder war wie der Schein des Topas und alle hatten Eine Gestalt und ihre Beschaffenheit war so, als ob ein Rad im Rade wäre. Nach ihren vier Seiten gingen sie, sie wandten sich nicht im Gehen. Und ihre Felgen — hoch und furchtbar (anzuschauen) — ihre Felgen waren voll von Augen rings herum. Und wenn die Lebewesen gingen, gingen die Räder neben ihnen her, und wenn sich die Lebewesen erhoben von der Erde, erhoben sich die Räder. Wohin der Wille war zu gehen, dorthin gingen sie, denn der Wille der Lebewesen herrschte in den Rädern. Wenn jene gingen, gingen sie, und wenn jene standen, standen sie, und wenn jene sich erhoben von der Erde, erhoben sich die Räder neben ihnen her, denn der Wille der Lebewesen herrschte in den Rädern.

Und oberhalb der Häupter der Lebewesen war zu schauen eine Fläche wie der Schein von furchtbarem Eise ausgespannt über ihren Häuptern. Der Flügelschlag (der Lebewesen) glich dem Brausen mächtigen Wassers, der Stimme des Allmächtigen, es war ein Rauschen wie das Getöse eines Heereslagers, und wie sie stille standen, senkten sie ihre Flügel. Und oberhalb der Fläche, welche über ihrem Haupte war, erschien etwas wie Saphirstein, die Gestalt eines Thrones, und auf dem Throngebilde oben die Gestalt einer Erscheinung eines Menschen, die aussah, wie der Schein von Glanzerz (חשמל), wie Feuerschein, um das ein Gehäuse rings herum ist, von den Hüften aufwärts, und von den Hüften abwärts wie Feuerschein, um das Glanz rings herum ist. Wie der Bogen, der erscheint in der Wolke am Tage des Regens, also war der Glanz rings herum — das war die Erscheinung der Gestalt der Herrlichkeit des Herrn.

Alles was der Prophet in der Natur beobachtete und ihr ablauschen konnte: Kraft und Stärke, Majestät, Schönheit

und Glanz hat er in diesem Bilde vereinigt. Die menschliche Gestalt herrscht vor, daneben stehen die Symbole körperlicher Kraft
und Gewalt (Löwe und Stier), die durch das Bild des weit-
ausblickenden schwungkräftigen Adlers ergänzt werden. Als
Mittel der Bewegung wirken neben den Flügeln Füsse und
Räder. Die Hand, das vornehmste Werkzeug des Menschen,
durfte nicht fehlen, und die Augen schauen nach allen Seiten

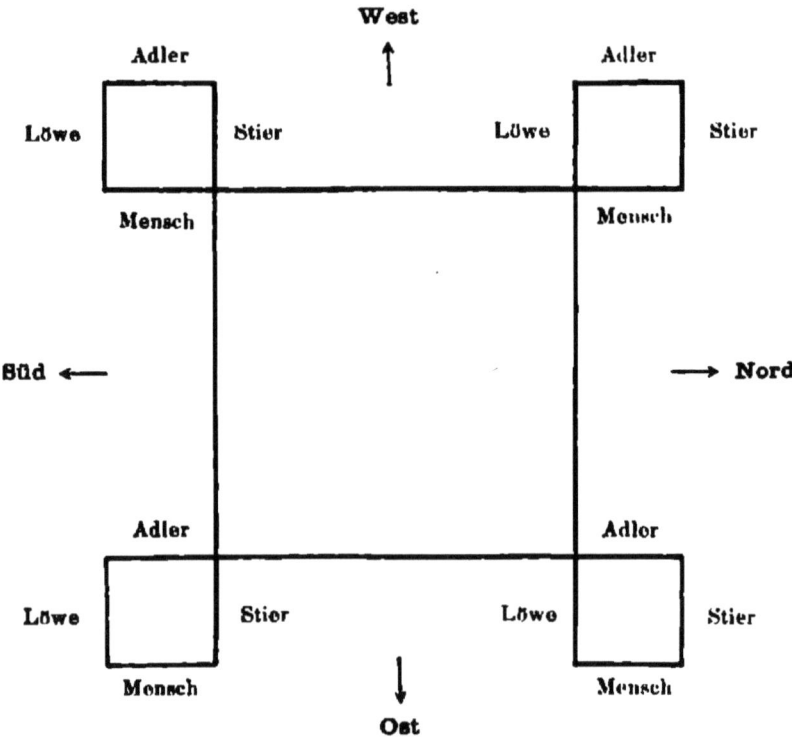

und Richtungen aus. Feuer, Blitz, Glanzerz und die Farben-
pracht des Regenbogens durchleuchten die Erscheinung. Das
Ganze bildet trotz der verschiedenartigen Elemente eine Ein-
heit, die von Einem geistigen Willen beherrscht wird. Die
nach allen vier Weltgegenden gerichteten Gesichter machen
es möglich, ohne Wendung und Drehung überall hin zu gelangen. Demnach sind die Füsse gerade (ohne Kniebeugung)
und an der Sohle rund, die Flügel an alle vier Seiten angesetzt,
und die Räder so beschaffen, dass sie nach allen vier Weltgegenden ohne Drehung rollen können.

Es ist nöthig, eine Thatsache, die nicht genügend erkannt und betont worden ist, besonders hervorzuheben, nämlich die constante Stellung des Thronwagens im Verhältnisse zur Weltlage. Nach vorne (Osten) waren die Menschenangesichter, nach hinten (Westen) die Adlerangesichter, nach rechts (Süden) die Löwenangesichter, nach links (Norden) endlich die Stierangesichter gerichtet. Bei jeglicher Bewegung derselben nach welcher Richtung immer änderte sich die Lage des Thronwagens nicht. Der Prophet legt darauf das grösste Gewicht und sagt absichtlich bei der Beschreibung der verschiedenen Bestandtheile immer wieder: „Nach der Richtung ihrer Angesichter gehen sie und wenden sich nicht in ihrem Gehen." Durch die refrainartige Wiederholung dieser Phrase deutet er die Motive an, warum die einzelnen Glieder so und nicht anders beschaffen sein mussten. Ich hielt es für angemessen hier (S. 14) in einer primitiven Zeichnung die Stellung des Thronwagens zu veranschaulichen, weil daraus weiter unten für das Verständniss und die Kritik des Textes Folgerungen gezogen werden sollen, die eine klare Vorstellung von der Beschaffenheit des Thronwagens erheischen.

Der grosse Vortheil, der durch diese Construction für die Raschheit und Beweglichkeit des Vehikels erzielt worden ist, wird technisch freilich durch den Nachtheil aufgehoben, dass die Bewegung immer streng nach den vier Weltgegenden (Osten, Westen, Norden, Süden) stattfinden musste, so dass, wenn das Ziel der Fahrt, von dem Standpunkte des Wagens betrachtet, ausserhalb der nach den vier Weltrichtungen laufenden Radien lag, dasselbe nicht durch die kürzeste Linie, die Diagonale, sondern auf einem Umwege, der beide Katheten beschreibt, erreicht werden konnte.[1]

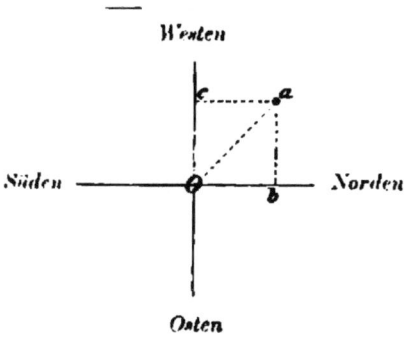

[1] Die beigesetzte Figur soll das Problem zur Anschauung bringen. Von O, dem Standpunkt des Vehikels, nach a ist der kürzeste Weg die Diagonale Oa, die aber nach der Mechanik des Vehikels nicht beschrieben werden kann. Der Weg führt entweder über Ob und ba oder über Oc und ca, also über die Katheten der Diagonale Oa.

Dies ist unzweifelhaft ein grosser Mangel in der Mechanik des Wagens und in der That rührt der Mangel davon her, dass der Prophet seiner Construction nicht die vollkommene Kreislinie, sondern das Viereck zugrunde gelegt hat. Es gilt aber hier nicht ein technisches Problem zu kritisiren und zu lösen, sondern ein Phantasiebild zu verstehen, wie es der Prophet geschaut und gedacht hat.

Noch eine weitere Frage muss hier erörtert werden. Die Wetterwolke, welche den Thronwagen nach dem Flusse Kebar gebracht hat, kam aus dem Norden. Die Exegeten haben diese topographische Angabe gehörig ausgedeutet. Jerusalem liegt bekanntermassen südwestlich von Babylon, der Thronwagen hätte also, von Jerusalem kommend, von Westen sich herannähern müssen. Man schloss daraus, dass der Gott Israels längst das Land verlassen und sich nach dem Götterberg im Norden zurückgezogen hatte. Diese Annahme, aus der noch allerlei andere wichtige Folgerungen geflossen sind, ist aber durchwegs unhaltbar. Die Gründe, die ich gegen dieselbe anzuführen habe, sind folgende:

1. Der Weg von Jerusalem nach Babylon und umgekehrt hat niemals durch die zwischen Syrien und Mesopotamien gelegene Wüste geführt, sondern über Nordsyrien in einem weiten Bogen herum. Diesen Weg haben die Handelskaravanen in alter wie in späterer Zeit genommen,[1]) dieser Weg war auch die Heerstrasse, durch welche die assyrischen und babylonischen Heere über Syrien und Palästina sich ergossen haben. Denselben Weg wanderten auch die Exulanten über Riblah in Nordsyrien. Wenn nun der Prophet die Herrlichkeit Gottes aus dem Heiligthume in Jerusalem nach dem Kebarflusse kommen lässt, so machte der Thronwagen mit den vier Lebewesen dieselbe Route, wie sie damals allgemein bekannt und üblich war.

2. Babylon liegt freilich nach unseren heutigen Kenntnissen etwas südlicher als Jerusalem. Wissen wir dies aber auch vom Kebarflusse und von Tel-Abib, dem Wohnorte der Exulanten? — Ist es nicht vielmehr wahrscheinlich, dass man letzteren in den südlichen Sumpfgegenden ihre Ländereien angewiesen hatte?

---

[1]) Vgl. A. Sprenger, die Post- und Reiserouten des Orients, Tafel 15 (Mesopotamien und ein Theil von Syrien).

3. Ist endlich unsere heutige Kenntniss massgebend für die Zeit Ezechiels, und musste Ezechiel denn genau das Breiteverhältniss zwischen Jerusalem und Babylon kennen und wissen, dass ersteres um eine Kleinigkeit südlicher liegt als letzteres? — In der That ist diese Erkenntniss spläteren Datums, denn Eratosthenes setzt Babylon in die Breite von Persepolis, Susa und viel südlicher als Alexandria, Pelusium und Joppe, daher auch südlicher als Hierosolyma,[1]) so dass selbst bei der Annahme einer Luftlinie für die Bewegung des Thronwagens, derselbe nach der damaligen geographischen Vorstellung aus dem Norden kommen konnte.

Die erste Vision, die an der Spitze des Buches steht, ist die Introduction in das Buch und in die Prophetie. Sie sollte zugleich erklären und dem Volke glaubhaft machen, dass die Prophetie nicht an die Scholle des heiligen Landes gebunden ist. Während der Extase erhielt Ezechiel den Auftrag zur prophetischen Sendung. Die Vision schliesst Kap. 3, 12:

> Und es erhob mich der Geist und ich hörte hinter mir den Schall einer grossen Erschütterung: „Gepriesen sei die Herrlichkeit Gottes von seinem Orte aus"[2]) und den Schall

---

[1]) Nach Strabo liegen Alexandrien, Babylon, Susa und Persepolis in gleicher Breite. Erst Ptolemäus setzt Babylon viel nördlicher an, aber auch hier fehlt Genauigkeit, denn Babylon ist bei ihm, gegenüber Hierosolyma, viel zu sehr nach Norden gerückt. So wahrscheinlich es ist, dass in dem chaldäischen Babylon astronomische Breitebestimmungen mit dem Gnomon gemacht wurden, so fehlt dennoch jegliche Angabe hierüber, ebenso etwaige Versuche betreffs Jerusalems. (Diese Mittheilungen verdanke ich zum Theil meinem verehrten Collegen Prof. Tomaschek).

[2]) So ausgezeichnet die Emendation ברום für ברוך (Luzzato und Hitzig) auch ist und so leicht sie sich aus der alten Schrift erklärt, so bin ich dennoch über die Zulässigkeit derselben wieder schwankend geworden. Von der Voraussetzung ausgehend, dass die Vision Jesaias' dem Ezechiel vorgeschwebt hat, darf man mit Recht in dieser Wendung eine Wiederspiegelung von Jes. 6, 3—4 erkennen: „Und sie (die Seraphim) riefen einander zu und sprachen: Heilig, heilig, heilig der Herr Sebâ'öt, dessen Herrlichkeit die Welt erfüllt. Und es erbebten die Grundfesten der Schwellen von dem Schall der Rufenden und das Haus ward voll von Rauch (wohl in Folge der Erschütterung)." Es scheint demnach ברוך durch das entsprechende קרוש gesichert zu sein. Dazu kommt noch die Erwägung, dass in den meisten Stellen unter 'ה כבוד nicht der ganze Thronwagen, sondern lediglich die auf dem Throne ruhende göttliche Herrlichkeit zu verstehen sei, und dass in der

der Flügel der Lebewesen, wie sie einander berührten und den Schall der Räder neben ihnen her und den Schall der grossen Erschütterung. Und der Geist erhob und erfasste mich und ich ging bitter in der Glut meines Herzens und die Hand des Herrn lastete stark über mir.

Die zweite Phase der Vision, die Ezechiel beschreibt, ist um ein Jahr später datirt und umfasst die Kapitel 8—11. Sie überkam den Propheten in seinem Hause, während die Aeltesten von Juda vor ihm sassen (8, 2 ff.).

Und ich sah, da war etwas wie die Gestalt eines Mannes, von dem was wie seine Hüfte aussah abwärts Feuer und von seiner Hüfte aufwärts wie Glanzschein, wie das Aussehen von Glanzerz. Und er streckte das Gebilde einer Hand aus und erfasste mich an der Locke meines Hauptes und es trug mich der Geist zwischen Himmel und Erde und brachte mich nach Jerusalem in göttlichen Gesichten an den Eingang des inneren Thores, das nach Norden gerichtet ist, wo der Platz des Eiferbildes war, das Eifer erregte. Und siehe, da war die Herrlichkeit des Herrn, des Gottes Israels, wie die Erscheinung, die ich geschaut hatte in der Niederung.

Ezechiel wird nun im Heiligthum umhergeführt. Am Nordthore wird ihm das Eiferbild gezeigt. Am Eingange desselben Thores erblickt er 70 Aelteste, wie sie Götzen anbeten, am äusseren Ausgange des Thores sitzen Weiber und beweinen den Gott Tammûz. Im inneren Hofe in der nächsten Nähe des Heiligthums zwischen der Vorhalle und dem Altare erblickt er 25 Männer, deren Rücken dem Tempel des Herrn zugewendet und deren Angesichter nach Osten gerichtet waren, sie beteten die Sonne an.

Dann schaut er (im neunten Kapitel) das Herannahen der Heimsuchung der Stadt. Sechs Männer mit Zerstörungswerkzeugen versehen, kommen vom oberen Nordthor und ein siebenter Mann in ihrer Mitte in Linnen gekleidet und ein Schreibzeug an seiner Hüfte. Sie treten an den chernen Altar. Dann heisst es (9, 3):

Und die Herrlichkeit des Gottes Israels hatte sich erhoben von dem Kerub, auf welchem sie gewesen war, nach der Schwelle des Hauses.

---

ersten Vision, wie wir weiter unten sehen werden, das Wort בוא und nicht היה mit einer gewissen Consequenz vom Propheten angewendet wird.

Der in Linnen gekleidete Mann erhält den Auftrag, diejenigen von den Einwohnern Jerusalems, welche die Gräuelthaten bedauern und betrauern und also gerettet werden sollen, mit einem Zeichen zu zeichnen, während die sechs übrigen Männer hinter ihm herziehen und Alles schonungslos vernichten sollten. Dann meldet der in Linnen gekleidete Mann (9, 11): „Ich habe gethan, wie du mir befohlen.“

Es folgt dann im 10. Capitel eine nochmalige ausführliche Beschreibung des Thronwagens, die in nicht unwesentlichen Stücken von der ersten abweicht. Unterbrochen wird dieselbe nur durch den Befehl an den in Linnen gekleideten Mann, Feuer zwischen den Kerubim zu holen und auf die Stadt zu werfen, und die Ausführung desselben. Die Vision endigt mit dem Abzug der Herrlichkeit Gottes aus der Stadt und dem Erwachen des Propheten aus der Extase.

Die nochmalige ausführliche Schilderung des Thronwagens und die verschiedenen Abweichungen derselben von der ersten sind den Commentatoren aufgefallen. Am radicalsten suchten diese Stellen zu curiren Hitzig und Cornill, indem sie, wie rasch entschlossene Chirurgen, anstatt Einrenkung zu versuchen, schnell zur Amputation schreiten. Dass die scharfsinnige Kritik dieser Forscher, selbst wo sie fehlgeht, die Wissenschaft und das Verständniss des Textes fördert, anerkenne ich dabei ausdrücklich. Die Aufwerfung der Frage und die Erkennung des Uebels gleicht der wissenschaftlichen Diagnose, welche die erste Bedingung der Heilung ist.

So wird gleich der erste Vers des zehnten Kapitels, trotzdem er allgemein überliefert ist, von Cornill gestrichen, weil er angeblich den Zusammenhang zwischen 9, 11 und 10, 2 zerreisst.

Der wichtige Vers 14, der die Beschreibung der Angesichter der Kerubim enthält, fehlt in der Septuaginta, und wird von Hitzig und Cornill als späterer Zusatz erklärt und ausgeschieden. Cornill sagt kurz: „Die Nichtursprünglichkeit dieses Verses wird schon durch seine Abweichung von 1, 10 bewiesen.“ Ausserdem geht Cornill so weit die Verse 9—18 als verdächtig zu streichen.

Bevor ich an eine Prüfung dieser radicalen Heilungsversuche herantrete, ist es nöthig zu untersuchen, welchen Zweck Ezechiel mit der ausführlichen nochmaligen Schilderung des

Thronwagens verbindet. Die Erscheinung ist ja nicht vereinzelt geblieben, sie trat dem Propheten öfters entgegen und er sagt dann kurz: „Und ich erblickte die Herrlichkeit Gottes in dem Gesichte wie am Flusse Kebar." Warum recapitulirt der Prophet hier die ganze Schilderung bis auf geringfügige Einzelheiten?

Wer das Buch Ezechiel genau studirt und daraus die psychologischen Vorgänge in der Seele des Propheten zu erschliessen unternommen hat, wird finden, dass es gewichtige Gründe sein mussten, welche diese Wiederholung hervorgerufen haben. Da wir über die Motive keinen Bericht haben, auch zeitgenössische Nachrichten aus dem Exil fehlen, so bleibt nichts übrig, als die wichtigsten und wesentlichsten Abweichungen ins Auge zu fassen, welche zwischen beiden Darstellungen hervortreten, und zu versuchen, ob sie uns nicht die bewegenden Momente werden erkennen lassen. Die augenfälligste Aenderung ist die Weglassung des Stieres aus der Gruppe der Lebewesen des Thronwagens und die Ersetzung desselben durch den Kerub, ferner die Substituirung der Lebewesen (חיות) durch die Kerubim (כרובים). Diese Aenderungen sind wichtig genug. Der Prophet sucht seine frühere Darstellung zu corrigiren und zu interpretiren. Einerseits betont er die Identität der Visionen (10, 20) und andererseits treten dennoch wesentliche Unterschiede auf. Der Vorgang ist meines Erachtens folgendermassen zu erklären. In der ersten Vision haben die Elemente derselben, welche aus Geschautem und Gedachtem in der Phantasie Ezechiels sich festgesetzt hatten, den Propheten derart beherrscht, dass er ohne jede Rücksicht auf alte Ueberlieferungen im Volke das Bild geschaffen hat. Wie es nun fest gebaut und gezeichnet dastand in der prächtigen Schilderung, da mag es im Volke Anstoss und in der Seele des Propheten Beunruhigung erweckt haben. Durfte nach der Sünde bei der Anbetung des goldenen Kalbes ein Stier selbst in poetischer und prophetischer Form dem Throne Gottes nahe gebracht[1]) und durften die alt überlieferten Kerubim so ohne weiteres zu Gunsten der neu erfundenen „Lebewesen" beseitigt werden?

Wir hören das Volk nicht „murren" gegen den Propheten und haben auch keine Kunde von den Zweifeln in der Seele

---

[1]) Drastisch sagt der Psalmist (106, 20): „Und sie vertauschten ihre Herrlichkeit mit der Gestalt eines Stieres, der Gras frisst."

des Propheten, wie sie uns anderwärts geschildert werden, aber die zweite Vision offenbart uns diese Vorgänge.

Um diese Missverständnisse, wozu die erste Vision Anlass gegeben, zu beseitigen und die inneren Zweifel niederzuschlagen, beschreibt Ezechiel in den wesentlichsten Punkten nochmals die Erscheinung und substituirt die Kerubim für die Lebewesen. Aus demselben Grunde ist auch die Aenderung von Stier in Kerub (10, 14) zu erklären. Aber gerade dieser Vers fehlt in der Septuaginta, seine Ursprünglichkeit ist am meisten bestritten, und Cornill führt direct seine Abweichung von 1, 10 als Beweis für die Unechtheit an.

Wie wäre es, wenn diese Abweichung sich erklären liesse, und mit gewissen echten Stücken in Zusammenhang gebracht werden könnte? — Dann müsste man wohl zugeben, dass der Vers von Ezechiel herrührt und dass der masoretische Text gegenüber der Septuaginta die ursprüngliche Fassung erhalten hat. Diesen Beweis will ich zu führen versuchen. Ich schicke aber die Bemerkung voraus, dass Ezechiel bei der Beschreibung des Thronwagens im 10. Kapitel eine andere Reihenfolge einhält als im ersten. Diese Abweichung hat ihre Begründung in der Verschiedenheit der Situation. Während er dort (nach kurzer Erwähnung des wabernden Feuers mit Glanz rings herum und des Scheines des Glanzerzes aus der Mitte des Feuers) mit den Lebewesen beginnt, die er naturgemäss, bei Herannahen der Gewitterwolke, zuerst erblickt und beschreibt, darauf die Schilderung der Räder, welche mit den Lebewesen verbunden sind, dann die Fläche oberhalb der Lebewesen, den Thron und die Herrlichkeit Gottes selbst folgen lässt, erblickt Ezechiel im 10. Kapitel (nachdem er die Herrlichkeit Gottes 8, 4 und 9, 3 erwähnt) zuerst den Thron, dann erst treten die Kerubim in seinen Gesichtskreis und endlich die Räder. Eine genaue Beschreibung der Gesichte der Kerubim folgt zuletzt.

Die Reihenfolge im ersten Kapitel fliesst aus der Natur der Sache und der Art der Wahrnehmung. Wer zum ersten Male einen solchen Thronwagen heranbrausen sieht, muss ihn in der Reihenfolge beschreiben, wie es Ezechiel gethan, er kann nur mit den feurigen Lebewesen, die in der Luft heranstürmen, und weder mit den von ihnen abhängigen Rädern noch auch mit dem darüber aufgepflanzten Thron beginnen, weil die Bewegung der Lebewesen gleich verständlich ist, die der Räder aber erst einer Voraussetzung bedarf. Ebenso ungeschickt wäre es gewesen, mit dem Throne anzufangen, der ohne Unterlage nicht gedacht werden kann, auch erst später beim Herannahen unterschieden wurde. Dagegen ist der Glanz, der von der göttlichen Lichterscheinung ausgeht, so gewaltig, dass er aus weitester Ferne das Auge des Propheten trifft, wenn auch zunächst dessen Bedeutung nicht erkannt wird.

Anders stellt sich die Sache im zehnten Kapitel. Da ist die Gestalt des Thronwagens und sein Mechanismus als bekannt vorausgesetzt, und es gilt ihn hier so zu beschreiben, wie er in den Sehbereich des Propheten tritt. Dazu ist es aber nöthig, sich den Situationsplan anzusehen.

West

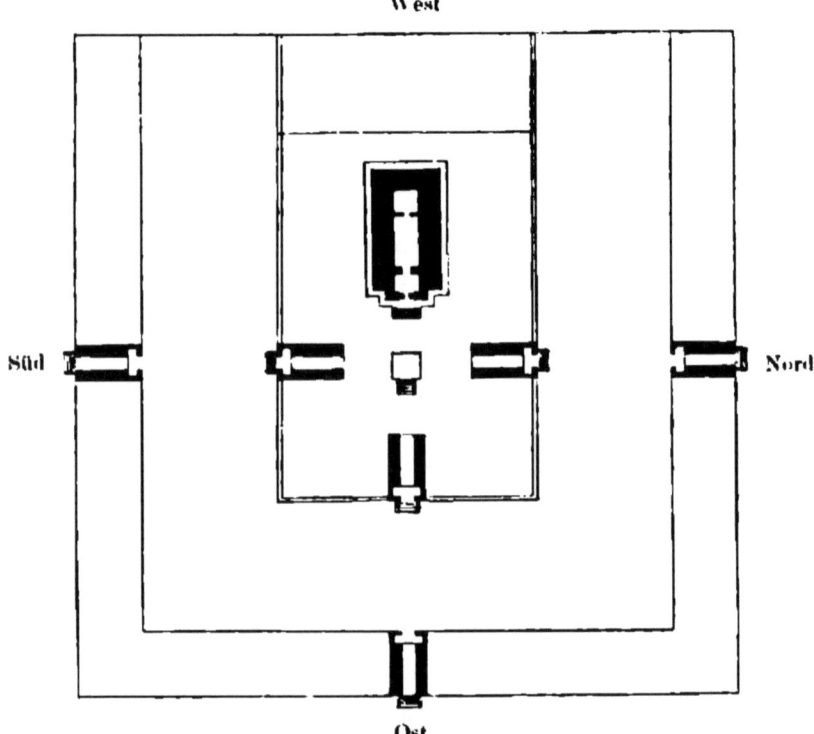

Süd

Nord

Ost

Ezechiel kommt durch das Nordthor des äusseren Hofes in das Heiligthum und beobachtet daselbst im Norden das „Eiferbild", die siebzig Aeltesten, welche die Götzen anbeten und die Weiber, welche den Tammúz (Adonis) beweinen. Im inneren Hof zwischen der Vorhalle und dem Altar haben die Sonnenanbeter Platz gefasst. An der Westseite liessen die Anbauten keinen Raum für freie Bewegung übrig. Für die Stellung der Kerubim mit dem Thronwagen blieb also nur die Südseite des Tempels frei. In der That sagt Ezechiel (10, 3) ausdrücklich:

> Und die Kerubim standen rechts vom Tempel,

d. h. im Süden desselben und zwar unweit von der im Osten angebrachten Thüre der Vorhalle; denn von der Schwelle der Vorhalle aus besteigt die Herrlichkeit Gottes den Thronwagen (10, 18). Vergegenwärtigen wir uns den Standpunkt des Propheten, der, von Norden kommend, das Treiben der 25 Sonnenanbeter beobachtet und dann dem Gespräche der „Herrlichkeit Gottes" mit dem in Linnen gekleideten Manne lauscht, so war es ihm wegen des Mauervorsprunges (südöstlicher Winkel) des Heiligthums, welcher sich zwischen seinem Sehwinkel und dem Thronwagen befand, unmöglich, diesen selbst in seinen unteren Theilen zu sehen, nur die Spitze, den Thron selbst, der das Heiligthum überragend gedacht werden muss, konnte er erblicken.

Nachdem nun Ezechiel geschildert hat, wie die „Herrlichkeit Gottes", an der Schwelle des Heiligthums stehend, die Verderber aussendet, Jerusalem zu zerstören, und indem er daran geht zu beschreiben, wie der Mann mit dem Schreibzeuge an den Lenden nach Erstattung des Rapports den Befehl erhält, Feuer aus der Mitte der Räder des Kerubs zu holen, so musste er doch erst erwähnen, dass der Thronwagen sich innerhalb des Heiligthums befand, und daraus erklärt sich die geradezu unerlässliche Einschiebung des Verses 10, 1:

> Und ich sah auf der Fläche, welche auf dem Haupte der Kerubim war, etwas wie Saphirstein, wie die Gestalt eines Throngebildes war sichtbar auf ihnen.

Der zweite Vers enthält nun den Befehl an den in Linnen gekleideten Mann Feuer zu holen. Die Worte sind charakteristisch:

> Und er sprach zu dem in Linnen gekleideten Manne also:
> Tritt ein zwischen die Räder unterhalb des Kerub und fülle deine

> Faust mit Feuerkohlen aus der Mitte der Kerubim und wirf sie hin auf die Stadt. Und er trat ein, vor meinen Augen.

Der Prophet musste nun um den Vorgang beobachten zu können, sich dem Thronwagen genähert haben und er hält es für nöthig, ausdrücklich dessen Position anzugeben (10, 3):

> Und die Kerubim standen rechts (südlich) vom Tempel, als der Mann herantrat.

Erinnern wir uns nun an die oben constatirte Thatsache, dass die Stellung des Thronwagens in Bezug auf die Weltlage eine stetige ist, d. h. dass die Angesichter der vier Lebewesen immer dieselbe Richtung einhalten (Mensch nach Osten, Adler nach Westen, Löwe nach Süden und Stier nach Norden). Wenn dann der Prophet, von Nordosten kommend, an den Thronwagen herantrat, der im Süden des Tempels stand, welches Angesicht der Lebewesen musste er zuerst erblicken? — Doch gewiss das dem Tempel zugewandte, das des Stieres, oder, da der Kerub den Stier substituirt hatte, das des Kerubs. Nach dem Stierangesichte musste dem Propheten in seiner Position das Menschenangesicht sichtbar werden und dann in regelrechter Reihenfolge Löwe und Adler.

Die Verschiedenheit in der Reihenfolge und die Abweichung von 1, 10, welche man als ein wichtiges Beweismoment gegen die Ursprünglichkeit des Verses angeführt hat, erklärt sich nun aus der Position des Thronwagens, die Ezechiel (10, 3) ausdrücklich angegeben hat, geht also aus der genetischen Entwicklung der zweiten Vision hervor und bestätigt somit die Ursprünglichkeit des Verses gegen die Septuaginta und deren Verfechter. Die Annahme, dass ein später Interpolator mit einer so feinen Berechnung und in genauer Anpassung an 10, 3 den fraglichen Vers 14 eingeschoben habe, scheint mir ausgeschlossen zu sein.

Es ist selbstverständlich, dass in der neuen Schilderung eine Reihe von sachlichen und sprachlichen Momenten auftreten, welche die höchste Beachtung verdienen. So möchte ich als einen der interessantesten realistischen Züge in der zweiten Darstellung Ezechiels die kurze Episode hervorheben, wie der Kerub die Hand ausstreckt, Feuer holt und es in die hohlen Hände des in Linnen gekleideten Mannes gibt. Wie wunderbar klingt da der Zusatz: „So ward sichtbar an den Kerubim die Gestalt einer Hand unter ihren Flügeln."

Eine genaue sprachliche und stilistische Vergleichung der beiden Schilderungen gibt auch sonst manche Aufschlüsse, die man bei der Septuaginta vergeblich sucht.[1]) Sehr beachtenswerth sind besonders die stilistischen Abweichungen. Dass Ezechiel 8, 2 כמראה איש für כמראה אדם (1, 26) gesetzt, ist bereits unter Hinweis auf die Septuaginta erkannt und nahezu allgemein angenommen worden. Nicht übersehen darf aber werden, dass Ezechiel in der ersten Vision (1, 19—21) fünf Male die Wurzel נשא „sich erheben" gebraucht, während er im zehnten Kapitel (V. 4. 15. 16. 17. 19) durchwegs die Wurzel רום „emporsteigen" anwendet. Darin liegt entschieden eine gewisse Absichtlichkeit, die allerdings keinen anderen Grund hat, als das Bestreben, stilistisch sich nicht zu wiederholen. Daraus geht aber hervor, dass die Verse 8—17 von Ezechiel herrühren und nicht, wie Cornill annimmt, interpolirt worden sind, weil die Anwendung dieser Wurzel durch den Interpolator jedenfalls ein sehr eigenthümlicher Zufall wäre.[2])

Sehr instructiv ist eine Vergleichung von 1, 4; 1, 26—27 und 10, 4, welche Stellen sich alle (auch 1, 4) auf die Lichterscheinung des über den Kerubim thronenden Gottes beziehen. Diese drei Stellen sind schon durch das Vorkommen des Wortes ḥašmal gekennzeichnet, welches, wie man schon richtig bemerkt, nur vom höchsten Wesen angewendet worden ist. Mir scheint aber, dass auch die erste Hälfte von Vers 4 nicht auf die Wolke sich bezieht, sondern eine Variation der beiden anderen Stellen ist, freilich war es dem Propheten vielleicht noch nicht zum Bewusstsein gekommen, dass dieses wabernde

---

[1]) Wenn z. B. Cornill 1, 16 רבית אחת für דמות אחד liest, so belehrt uns 10, 10, dass דמות אחד beizubehalten ist. Ebenso muss בלכה 1, 17, welches in der Septuaginta fehlt, mit der Massora erhalten bleiben, nachdem in der Parallelstelle 10, 11 das Wort ebenfalls vorkommt.

[2]) Auch die Verbesserung von ביך in ברם (3, 12) wird dadurch noch weniger wahrscheinlich, nachdem diese Wurzel in der ersten Vision gar nicht vorkommt. Freilich könnte sie gerade an jener Stelle wegen des vorangehenden ותשאני und des nachfolgenden ותקחני zum ersten Male angewendet worden sein.

Feuer mit dem Glanze rings herum und dieses Glanzerz eine
Ausstrahlung der göttlichen Erscheinung sei.[1])

An eine der wichtigsten Fragen, welche auf die zweite
Vision Bezug hat, wage ich mich zuletzt. Die neueren Commentatoren glauben alle, dass Ezechiel in dieser Vision die
„Herrlichkeit Gottes" auf dem Thronwagen habe herankommen
sehen. In den Stellen 9, 3 und 10, 4

> Und die Herrlichkeit des Gottes Israel erhob sich von dem Ke-
> rub, auf dem sie gewesen war, nach der Schwelle des Hauses.

ist ihnen Kerub mit dem Thronwagen identisch.

Diese Auffassung hängt in erster Reihe mit der Annahme
zusammen, dass Gott längst das Land und das Heiligthum
verlassen hatte. Sein Wohnsitz war auf dem Götterberge im
Norden. Von dort (nicht aus Jerusalem) war er nach Mesopotamien in der ersten Vision gekommen und von dort musste
er nun auch kommen, um die Zerstörung der Stadt zu voll-
führen. Wenn diese Annahme richtig ist, bleibt freilich nichts
übrig, als den pragmatischen Zusammenhang der Vorgänge so
aufzufassen und darzustellen, wie es die neueren Commentatoren
thun. Ich habe aber oben bereits gezeigt, dass die Grund-
lagen dieser Hypothese morsch und unhaltbar sind. Man muss
vielmehr erkennen, dass Gott erst jetzt, bei der Zerstörung des

---

[1]) Die Stellen lauten:

1, 4	1, 27	8, 2
חארא והנה רוח סערה באה מן הצפון	וארא כעין חשמל כמראה אש	וארא והנה דמות כמראה איש
ענן גדול ואש מתלקחת ונגה לו	בית לה סביב כמראה אש	כמראה כתניו ולמטה אש ומכתניו
סביב ומתוכה כעין החשמל	ולמעלה ומכתניו ולמטה	ולמעלה כמראה זהר כעין
מתוך האש :	ראיתי כמראה אש ונגה לו סביב :	החשמלה :

demnach ergeben sich folgende Gleichungen:

$$\text{כמראה כתניו ולמטה}$$

$$\text{אש} = \text{כראה אש ונגה לו סביב} = \text{אש מתלקחת ונגה לו ולה (l.) סביב}$$

$$\text{כמראה כתניו ולמעלה}$$

$$\text{כעין החשמלה} = \text{כעין דהחשמל} = \text{כעין החשמל}$$
$$\text{כמראה זהר} \quad\quad \text{כמראה אש בית לה סביב} \quad\quad \text{בתוך האש}$$

Dass durch diese Gleichungen einige Textveränderungen Cornills sehr
unwahrscheinlich gemacht werden, wird man leicht finden.

Tempels, das Heiligthum und die Stadt verlassen hat. Bis dahin hat er also dort geweilt, wo ihn die alte Ueberlieferung hat weilen lassen, auf den Kerubim oberhalb der Bundeslade. Dort thronte er, und nur bedächtig und langsam, wie Jemand, dem es schwer wird vom theuern Heim zu scheiden, erhebt er sich von den Kerubim (im Allerheiligsten) und tritt auf die Schwelle des Tempels. Dort ertheilt er den Befehl, die Stadt zu zerstören. Draussen, im Süden des Tempels, harret sein der Thronwagen mit dem leeren Thron. Die Kerubim, die Träger des Wagens, fühlen wie feurige Rosse das Herannahen des Herrn und regen ihre Flügel vor Ungeduld (10, 5). Er besteigt den Thron, der von den Kerubim gehoben wird, macht noch einmal am äussern Ende des Heiligthums Halt, wirft einen letzten Blick auf den verlassenen Tempel, dann erhebt sich das himmlische Gefährte und macht wieder Halt auf dem Berge östlich von der Stadt. Was dann geschehen ist, wissen wir nicht; denn die Vision ist von dem Propheten gewichen, und er konnte nur erzählen was er gesehen.

Die Gründe, die mich, abgesehen von dem schon Gesagten, bestimmen von der Auffassung der neueren Commentatoren abzuweichen und mich der rabbinischen und patristischen Anschauung, auf die Gefahr hin als kritiklos zu gelten, anzuschliessen, sind folgende:

Zunächst muss auf einen Widerspruch hingewiesen werden, der sich aus der Auffassung der modernen Commentatoren ergibt und schon erkannt, aber nicht behoben worden ist. Cap. 8, 4 heisst es:

„Daselbst (am Nordthore) war die Herrlichkeit des Gottes Israels, wie die Erscheinung, die ich gesehen in der Niederung.“

Dem widerspricht aber die Angabe des Propheten 10, 3, dass die Kerubim südlich vom Tempel standen, eine Thatsache, die bereits Cornill angeführt hat, ohne jedoch eine Erklärung gewagt zu haben.

Dunkel bleibt es ferner, warum Gott den Kerubwagen verlassen hatte und sich auf die Schwelle stellte, und warum dieses zweimal (9, 3 und 10, 4) erzählt wird.

Dieser Widerspruch ist behoben, und die Dunkelheiten sind aufgehellt, wenn wir mit den alten Commentatoren annehmen, dass der Kerub, von dem an den angeführten Stellen (9, 3 und 10, 4) die Rede ist, nicht die Kerubim des Thronwagens, sondern die Kerubim im Allerheiligsten bezeichnet. Hinzugefügt muss auch werden, dass die neueren Commentatoren den Begriff „Herrlichkeit Gottes" an einigen Stellen nicht richtig gefasst haben. Diese Worte können nämlich, je nachdem sie in engerem oder in weiterem Sinne gebraucht werden, entweder die göttliche Erscheinung allein, die auf dem Thron sitzt, bezeichnen, oder aber den ganzen Thronwagen mit der göttlichen Erscheinung. In vielen Fällen, wo von der Herrlichkeit Gottes im Gegensatze zum Thronwagen gesprochen wird (9, 3. 10, 4. 18. 19. 11, 22), kann darüber kein Zweifel sein, dass nur die göttliche Erscheinung gemeint ist. In anderen Fällen, z. B. 1, 28, belehrt eine genaue Prüfung, dass sie im engern Sinne zu fassen sind; denn es beziehen sich die Worte auf die in den Versen 26—28 beschriebene Herrlichkeit Gottes.

An Einer Stelle bezeichnet „die Herrlichkeit Gottes" als pars optima pro toto sicher den Thronwagen mit dem Thron und dem Thronenden. Es ist die Stelle 43, 2, die bald angeführt werden wird, wahrscheinlich ist dies auch 11, 23 der Fall. Dagegen muss nach dem ganzen Zusammenhange angenommen werden, dass an der Stelle 3, 23 und an der für uns wichtigen Stelle 8, 4 nur von der Herrlichkeit Gottes im engeren Sinne (ohne Thronwagen) die Rede ist. Wenn diese Behauptung richtig ist, wird der oben hervorgehobene und von Cornill erkannte Widerspruch beseitigt sein. Diese Behauptung glaube ich beweisen zu können.

Kap. 8, 2 wird die Herrlichkeit Gottes (im engen Sinn) beschrieben, wie sie dem Ezechiel erscheint, dann heisst es Vers 4:

> Und siehe, daselbst (am nördlichen Thore) war die Herrlichkeit des Gottes Israels, wie die Erscheinung, die ich gesehen habe in der Niederung.

Hiemit bezieht sich der Prophet auf eine frühere Vision 3, 23:

> Und ich stand auf und ging hinaus in die Niederung, und siehe, daselbst stand die Herrlichkeit Gottes, wie die Herrlichkeit, die ich gesehen habe am Kebarflusse.

Dass 8, 2 von 3, 23 abhängt, ist sicher, und es muss in beiden Versen in gleicher Weise der Begriff entweder in engerem oder in weiterem Sinne gefasst werden. Dass aber im Geiste des Propheten nur die Lichterscheinung Gottes (im engeren Sinn) gemeint ist, deuten uns unabweislich die Worte, „wie die Herrlichkeit" (כבוד) an; also nicht die ganze Erscheinung, wie sie Ezechiel am Kebarflusse geschaut, trat in der Niederung auf, sondern nur die Herrlichkeit Gottes.

Eine Probe für die Richtigkeit der Beweisführung bietet Ezechiel selbst in der letzten Phase der Vision 43, 2 ff:

> Und siehe, die Herrlichkeit des Gottes Israel kam den Weg von Osten her, und sein Brausen war gleich dem Brausen gewaltigen Wassers und die Erde erglänzte von seiner Herrlichkeit. Und die Erscheinung, die ich gesehen, war wie die Erscheinung, die ich gesehen, als ich kam, das Land zu zerstören und wie die Erscheinungen, die ich gesehen am Kebarflusse.

Hier also, wo Ezechiel ausdrücklich betonen will, dass er den Thronwagen gesehen hat, welcher die Herrlichkeit Gottes wieder nach dem Heiligthume brachte, sagt er deutlich und präcis, „wie die Erscheinung, die ich gesehen habe am Kebarflusse", während er oben 3, 23 durch die Worte „wie die Herrlichkeit, die ich gesehen habe am Kebarflusse" ebenso deutlich und scharf anzeigt, dass er nur die höchste Lichterscheinung meint.

Den Inhalt dieser Untersuchung glaube ich in folgenden kurzen Thesen zusammenfassen zu sollen:

1. Die Vision Ezechiels ist von der Jesaias' beeinflusst und beide sind von der Michajahu's ben Jimla's abhängig, der im Anblicke der von den beiden Königen von Israel und Juda entfalteten Pracht, zum ersten Male Gott als König, vom Hofstaate umgeben, geschaut.

2. Die Stellung des Thronwagens im Verhältnisse zur Weltlage ist eine constante und die Bewegung desselben musste immer nur streng in der Richtung nach den vier Weltgegenden stattfinden.

3. Der Thronwagen kam in der ersten Vision nicht von dem „Götterberge" aus dem Norden, sondern von Jerusalem aus dem Heiligthume.

4. Ezechiel sucht in der zweiten Phase der Vision seine frühere Darstellung, die im Volke Anstoss und in seiner Seele Beunruhigung hervorgerufen, zu corrigiren und zu interpretiren,

wie dies schon die Rabbinen in einem eigenthümlichen Aus-
spruch geahnt zu haben scheinen.

5. Der Vers 10, 14, welcher die wichtigste Veränderung
(Kerub für Stier) enthält und eine andere Reihenfolge der
Lebewesen aufweist, in der Septuaginta fehlt und von der
Kritik als interpolirt angesehen wird, erklärt sich aus der Po-
sition des Thronwagens und rührt gewiss von Ezechiel her.

6. In den Versen 9, 3 und 10, 4 ist unter Kerub nicht
der Thronwagen zu verstehen, sondern die Kerubim im Allerheiligsten, auf denen Gott nach der Ueberlieferung gethront hat.

7. In den Stellen 8, 2 und 3, 23 ist „die Herrlichkeit
Gottes" im engeren Sinne (ohne Thronwagen und Lebewesen)
gemeint.

Die Sendung.

Es ist für die innere Geschichte der Prophetie und für
die Textgeschichte von grösster Wichtigkeit, gewisse stereotype
Formeln zu beobachten und deren Entstehung und Entwicklung
zu verfolgen, weil wir durch sie die Fäden blosslegen können,
welche verschiedene Zeit- und schriftstellerische Epochen mit
einander verbinden. In originellen Schöpfungen der Prophetie
sind solche alte Ueberreste verwoben, welche scheinbar organisch mit dem Ganzen verbunden und als Entlehnung schwer
erkennbar sind, bei genauer Prüfung jedoch ihren Ursprung ver-
rathen und auf ältere Quellen zurückleiten.

Während das erste Kapitel die Schilderung der grossartigen
Vision enthält, ergeht im zweiten und dritten Kapitel an Ezechiel
die Berufung zur Prophetie, und die Normen werden darin festge-
stellt, die für seine prophetische Wirksamkeit massgebend sind.
Dem Misstrauen gegenüber, welches beim ersten Auftreten wohl
den meisten Propheten, und in der Verbannung gewiss in dop-
pelter Stärke, entgegengebracht worden ist, wird die Sendung
mit aller Deutlichkeit betont. Ezechiel redet nicht aus freien
Stücken, sondern aus innerem göttlichem Antrieb, als Sendling
Gottes. So heisst es (2, 3): „Ich sende dich zu den Söhnen
Israels" (שולח אני אותך אל בני ישראל) und weiter (2, 4): „Ich sende
dich zu ihnen" (אני שולח אותך אליהם). Im Verlaufe der Darstellung wird ihm ausdrücklich der Befehl ertheilt (3, 4): „Auf,

geh zum Hause Israel!" (לך בא אל בית ישראל) und weiter (3, 11):
„Auf, geh zu den Verbannten!" (ולך בא אל הגולה). Aus dieser
scharfen Betonung der Sendung erklärt sich eine der schwie-
rigsten Stellen im Buche Ezechiel, wo alle Versionen und Commentatoren entweder ändern oder etwas supponiren müssen,
was nicht dasteht. Ich meine Vers 6 des dritten Kapitels.
Voran geht: „Denn nicht zu einem Volke dunkler Sprache und
schwerer Zunge bist du gesandt, [sondern] zum Hause Israel.
(6) Nicht zu vielen Völkern dunkler Sprache und schwerer
Zunge, deren Sprache du nicht verstehst," dann heisst es:

אם לא אליהם שלחתיך המה ישמעו אליך

„Wenn ich dich nicht zu ihnen geschickt hätte, so würden
sie dir gehorchen," d. h. wenn du als Freund, als Ermahner
(איש מוכיח 3, 26) zu ihnen reden würdest, würden sie dir zuhören, deine prophetische Mission aber wollen sie nicht aner-
kennen. Den besten Commentar zu dieser missverstandenen Stelle
liefert Ezechiel selbst im folgenden Verse: „Denn das Haus
Israel will dir nicht zuhören, weil sie mir nicht zuhören wollen."

So natürlich die Ausdrücke „ich sende dich zu ihnen"
und „geh zum Hause Israel" auch sind und organisch aus
dem Inhalt erwachsen zu sein scheinen, so sind sie dennoch
nur die Wiederholung einer alten stereotypen Formel, die bei
der Sendung der Propheten gebräuchlich war. Wenn man die
folgenden zwei Stellen mit einander vergleicht:

Jesaias 6, 8	Ezechiel 2, 2—3 u. 3, 1
ואשמע את קול אדני אומר את מי	ואשמע את מדבר אלי: שולח אני
אשלח ומי ילך לנו[1]	אותך וכו' ולך ולך דבר אל בית ישראל

so wird man über den Zusammenhang dieser Phrasen nicht im
Zweifel sein.

Dieselben Worte finden sich bei der Berufung Jeremias'
zur Prophetie (Jerem. 1, 7): „denn wohin ich dich sende, sollst
du gehen" (כי כל אשר אשלחך תלך).[2]

---

[1] In der Stelle 1 Kön. 22, 20 ויאמר ד' מי יפתה את אחאב klingt die Phrase
auch durch.

[2] Ausserdem findet sich diese Formel 1 Sam. 16, 1 ויאמר ד' אל שמואל וכו';
בלא קינך שכן ולך אשלחך; nur Gen. 37, 13 לכה ואשלחך אליהם ist die einzige Stelle,
wo die Worte nicht an einen Propheten gerichtet sind.

Der Ursprung dieser Formel führt zum grössten jüdischen Propheten, zu Moses, zurück, bei dem zum ersten Male in der heiligen Schrift die Worte לכה ואשלחך (Exod. 3, 10) erscheinen, und weist auch auf die Geschichte Gideons (Judic. 6, 14) hin, wo ähnliche Worte als Nachbildung des לכה ואשלחך vorkommen. Der Beweis für die Thatsache, dass Judic. 6, 14 von Exod. 3, 10 abhängig ist, scheint mir vollkommen sicher, denn eine genaue Prüfung der beiden Stücke hat mich überzeugt, dass dies nicht die einzige Entlehnung ist, sondern dass vielmehr der Abschnitt über die Sendung Moses' (Exod. 3, 7—12 und 4, 2—8) dem Erzähler der Geschichte Gideons vorgelegen und dass er sie stark benutzt und vielfach nachgebildet hat. Da meines Wissens der Zusammenhang dieser beiden Stücke bis jetzt nicht erkannt worden ist, so will ich durch das Nebeneinanderstellen der entsprechenden Verse den Beweis hierfür erbringen.

Exod., Kap. 3.	Jud., Kap. 6.
(7) ויאמר יהוה ראה ראיתי את עני עמי אשר במצרים ואת צעקתם שמעתי וכו'	(7) ויהי כי זעקו בני ישראל אל יהוה על אדות מדין:
(8) וארד להצילו מיד מצרים ולהעלתו מן הארץ ההוא אל ארץ טובה וכו'	(8) ... אנכי העליתי אתכם מיד מצרים ואוציא אתכם מבית עבדים:
(9) ועתה הנה צעקת בני ישראל באה אלי וגם ראיתי את הלחץ אשר מצרים לחצים אתם:	(9) ואצל אתכם מיד מצרים ומיד כל לחציכם וכו'
(10) ועתה לכה ואשלחך אל פרעה והוצא את עמי בני ישראל ממצרים:	(14) ויפן אליו יהוה ויאמר לך בכחך זה והושעת את ישראל מכף מדין הלא שלחתיך:
(11) ויאמר משה אל האלהים מי אנכי כי אלך אל פרעה וכי אוציא את בני ישראל ממצרים:	(15) ויאמר אליו בי אדני במה אושיע את ישראל הנה אלפי הדל במנשה ואנכי הצעיר בבית אבי:
(12) ויאמר כי אהיה עמך וזה לך האות כי אנכי שלחתיך בהוציאך את העם ממצרים תעברון את האלהים על ההר הזה:	(16) ויאמר אליו יהוה כי אהיה עמך והכית את מדין כאיש אחד:
	(17) ויאמר אליו אם נא מצאתי חן בעיניך ועשית לי אות שאתה מדבר עמי:
Kap. 4.	(18) אל נא תמש מזה עד באי אליך והצאתי את מנחתי והנחתי לפניך וכו'
(2) ויאמר אליו יהוה מה זה בידך ויאמר מטה:	(21) וישלח מלאך יהוה את קצה המשענת אשר בידו וכו'

(37) ... אם טל יהיה על הגזה לבדה
ועל כל הארץ חרב וכו׳

(39) ... יהי נא חרב אל הגזה לבדה
ועל כל הארץ יהיה טל וכו׳

(6) ויאמר יהוה לו עוד הבא נא ידך
בחיקך ויבא ידו בחיקו ויוצאה והגה
ידו מצרעת כשלג:

(7) ויאמר השב ידך אל חיקך וישב
ידו אל חיקו ויוצאה מחיקו והגה שבה
כבשרו:

(8) והיה אם לא יאמינו לך ולא ישמעו
לקל האות הראשון והאמינו לקל האות
האחרון:

Die Abhängigkeit der Darstellung (Jud. 6) von Exod. 3—4 war deshalb nicht leicht zu erkennen, weil in der Gideon Geschichte die entlehnten Verse zum Theil stark auseinander gerissen und vielfach der Verschiedenheit der Situation entsprechend verändert worden sind. Ist einmal aber die Thatsache ausgesprochen, so springt sie so sehr in die Augen, dass man es füglich für überflüssig halten müsste, den nebeneinandergestellten Paralleltexten noch irgend welche Erklärung hinzuzufügen. Trotzdem will ich bemerken, dass, abgesehen von den vielen Wörtern und Phrasen, die augenscheinlich herübergenommen worden sind, der gleiche Gedankengang und die gleiche Reihenfolge besonders berücksichtigt werden müssen. Sehr merkwürdig ist die Art, wie die beiden Wunder, welche Exod. Kap. 4 erzählt werden, ihre Analogie in Jud. 6, 37—40 gefunden haben.

Diese Beobachtung bleibt nicht ohne Consequenzen für die Erkenntniss des Aufbaues der Gideon-Geschichte. Nach K. Budde[1]) ist dieses Kapitel nach Aussonderung der Verse 1—6 und 25—32 (die für unsere Untersuchung nicht in Betracht kommen) aus verschiedenen Quellen zusammengesetzt worden, u. z. weist Budde die Verse 7—10 und 36—40 der Quelle E zu, wogegen die Verse 11—24 aus einer anderen Quelle hergeleitet werden, die aber stark überarbeitet worden ist, so zwar, dass die alte Redaction des für unsere Untersuchung wichtigen Stückes aus folgenden Versen bestanden hat: 11—13ᵃ, 13ᵇ von ‏ועתה‎ an,[2]) 14ᵃ (mit Weglassung von ‏וישן אליו‎), 14ᵇ ‏הלא שלחתיך‎ soll

---

[1]) Die Bücher Richter und Samuel, S. 109.

[2]) Also mit Weglassung von ‏חיה כל נפלאותיו אשר ספרו לנו אבותינו לאמר הלא‎ ‏מפצרים העלנו יהוה‎.

ebenfalls gefehlt haben!) 15 ganz (natürlich אדני), 16 ganz (nur statt יהוה כי אדני bloss כי יהוה), 17ª, 18ª bis והוצאתי, 18ᵇ etc. Andere (Wellhausen, Stade) schreiben die Verse 7—10 dem letzten Redactor zu oder erklären sie einfach für „eine Einschaltung". Nachdem nun die Thatsache festzustehen scheint, dass Jud. 6 in einer Reihe von Versen Exod. 3—4 nachgebildet worden ist, bleibt die Annahme verschiedener Quellen äusserst schwierig; denn dass gerade zwei oder gar drei Quellen Stücke desselben Abschnittes des Exodus nachgebildet hätten, die dann so glücklich zusammengestellt worden sind, ist wohl ausgeschlossen. Die Annahme, dass der jeweilige Umarbeiter die ursprüngliche Anlehnung an Exodus immer weiter ausbildete, ist wohl möglich, aber kaum wahrscheinlich. Freilich würden bei dieser Annahme die Conjecturen Budde's mit einem Schlage ihre Begründung finden und die Zusätze in den Versen 13 bis 18 sich leicht und natürlich erklären — aber es bleibt doch sehr gewagt, vorauszusetzen, dass die Umarbeiter oder Redactoren mit dem überlieferten Texte in so rücksichtsloser Weise nur deshalb geschaltet hätten, um sie der Darstellung der Sendung Moses' zu assimiliren, wogegen es begreiflich ist, dass von vornherein die Schilderung eines Retters und Erlösers nach dem Muster eines grösseren und berühmteren sich gestaltet. In dem einen Falle ist es naiver sagenbildender Glaube, in dem andern bis zu einem gewissen Grade bewusste und noch dazu zwecklose Fälschung, zu der man sich doch nicht so leichthin bekennen sollte.

Nach diesem Excurse kehren wir zu unserem Ausgangspunkte zurück und glauben den Beweis erbracht zu haben, dass die Worte „schicken" und „gehen", welche sich auf die Sendung des Propheten beziehen, aus der alten stereotypen Formel, welche in den Prophetenschulen sehr gut gekannt war, herüber genommen worden ist.

Bevor ich jedoch den Abschnitt über die Berufung des Propheten verlasse, möchte ich noch einen Punkt berühren, der gewiss jedem aufmerksamen Leser des Buches Ezechiel aufgefallen ist — ich meine die häufige Wiederholung der Worte: „So spricht der Herr JHWH" (כה אמר אדני ד׳). Nicht weniger als 129 Mal findet sich diese Phrase, während ähnliche Wendungen bei anderen Propheten (mit Ausnahme von Jeremias, wo derlei

Wendungen ziemlich häufig wiederkehren) verhältnissmässig
selten vorkommen.[1]) Man darf vielleicht daraus schliessen,
dass diese beiden Propheten den grössten Anfechtungen aus-
gesetzt waren und immer von Neuem ihre Sendung betonen
mussten. Bei Ezechiel ist besonders darauf hinzuweisen, dass
er bei seiner Berufung dreimal den Befehl erhalten, jede Prophezeiung mit den Worten כה אמר אדני ד' zu beginnen, so 2, 11,
3, 11 und in ganz decidirter Weise 3, 27: „Wenn ich aber mit
dir rede, will ich deinen Mund aufthun und du sollst ihnen
sagen: So spricht der Herr, der Ewige.“

Diesen ausdrücklichen Befehl befolgt der Prophet in dem
ganzen Buche, und daraus erklärt sich die Wiederholung der
Worte כה אמר אדני ד'.

Entwürfe und Ausführung.

(Cap. 3, 18 und 33.)

In modernen Werken der Kunst gelingt es oft dadurch
einen Einblick in die Seele des Künstlers zu gewinnen, dass neben
dem abgeschlossenen Kunstwerke auch dessen ältere unfertige
Entwürfe überliefert sind. Solche Entwürfe zeigen uns die Gedanken und Pläne des Künstlers gleichsam noch im Flusse und
veranschaulichen bis zu einem gewissen Grade den Werdeprocess
und den Schöpfungsact des Kunstwerkes. Von älteren Schrift-
werken sind derlei schriftstellerische Skizzen und Vorarbeiten
äusserst selten, und aus der prophetischen Litteratur ist, wie es
in der Natur der Sache liegt, kein einziges Beispiel davon erhalten.
Wir haben das fertige abgeschlossene Bild vor uns ohne Studien-
köpfe und Entwürfe und müssen daraus die psychologischen Vorgänge enträthseln, welche im Geiste des Künstlers, Dichters oder
Propheten sich vollzogen haben. Es ist daher eine seltene und
merkwürdige Thatsache, auf die ich die Aufmerksamkeit zu
lenken die Absicht habe, dass in Ezechiel drei Stücke vorkommen, welche zu einander im Verhältniss von Entwurf und
Ausführung zu stehen scheinen, und uns daher gestatten, in
die Werkstatt des Propheten einen Blick zu thun und seine

---

[1]) Ausserdem kommt 82 Mal נאם ד' etc. im Ganzen 228+218 Mal
ד'. Vgl. Cornill, S. 172.

Denk- und Schaffensart zu beobachten. Um kein Missverständniss aufkommen zu lassen, betone ich ausdrücklich, dass es sich nicht um Entwürfe im gewöhnlichen Sinne des Wortes handelt, die wohl im Wesen der Kunst, aber nicht in dem der Prophetie begründet sind. Vielmehr sind es verschiedene prophetische Schöpfungen, von denen jede, auch die beiden ersten, ein abgeschlossenes Ganzes bildet, das seinen Zweck und seine Bestimmung in sich trägt, was man von Entwürfen doch nicht sagen kann. Dagegen scheint allerdings das dritte Stück eine schriftstellerische Ausführung der beiden ersten zu sein, was bei einem Propheten wie Ezechiel, der an der Grenze der Prophetie und der schriftstellerischen Thätigkeit steht, nicht Wunder nehmen darf.

Ich will es versuchen, den innern Zusammenhang dieser drei Stücke, ihr Entstehen und ihr Wachsthum zu schildern und zu verdeutlichen. Es ist eine Eigenart des Propheten Ezechiel, dass die ganze Gewalt der Erkenntniss und Erleuchtung nicht auf einmal über ihn kommt, sie ringt und kämpft sich langsam und schwer hindurch. Ein Ton, der in seiner Seele anklingt, zieht immer weitere Wellen, vertieft und verbreitet sich immer mehr, aber er kehrt als vibrirendes Leitmotiv immer wieder. Wir können seine prophetischen Schöpfungen oft bis auf ihre Ursprünge verfolgen. Erst tritt ein dunkler, unklarer Ansatz, dann bricht der Keim hervor, entwickelt sich und nimmt Gestalt und Form an. Der Gedanke wird weiter ausgesponnen, nach allen Seiten gewendet und wächst zu einem „grossen Baume“ an. Ein solcher Gedanke bildet auch die Wurzel der drei prophetischen Gebilde, welche sich durch das ganze Buch verzweigen.

Der Gedanke ist gleich im zweiten Kapitel in den Worten ausgesprochen: „ob sie es nun hören oder es lassen“ (אם ישמעו ואם יחדלו). Ezechiel erhält die Sendung an das Volk Israel, die er nun auszuführen hat, gleichviel ob er einen Erfolg dadurch erzielt oder nicht. Der Gedanke, welcher den Propheten beschäftigt, kehrt, wie in seinem Innern, so auch äusserlich und schriftstellerisch als eine Art Refrain wieder (vgl. 2, 5. 7; 3. 11. 27). Wie der Gedanke neu ist in der biblischen Litteratur, so ist es auch die Ausdrucksweise, die nur bei Ezechiel vorkommt. Nachdem er die erste Vision geschaut hatte und

3*

zum Bewusstsein seines Prophetenberufes gekommen war, grübelt er immerfort über diesen Gedanken nach. Wer handelt, will einen Erfolg seiner Arbeit sehen; es ist daher eine schwere Sache, ohne Aussicht auf bestimmte Wirkungen eine entsagungsreiche Pflicht zu erfüllen. Nach den Tagen des dumpfen Schweigens ringt sich der Gedanke los und sucht eine Form zu finden, um das Innere zu befreien, das von der Schwere der Empfindung belastet ist (3, 16):

> Menschenkind, zum Wächter habe ich dich eingesetzt für das Volk Israel. Wenn du aus meinem Munde ein Wort vernimmst, so sollst du sie warnen von mir. Wenn ich zum Frevler sage, du wirst sterben und du warnst ihn nicht und du sprichst nicht zu warnen den Frevler vor seinem frevelhaften Wandel, um ihn am Leben zu erhalten, so wird er, der Frevler, durch seine Sünde sterben, sein Blut aber werde ich von dir fordern. Wenn du aber den Frevler gewarnt hast und er sich nicht abgewendet hat von seinem Frevel und seinem sündhaften Wandel, so wird er, der Frevler, durch seine Sünde sterben, du aber hast deine Seele gerettet.

Der sich losringende Gedanke konnte keine deutlichere und präcisere Fassung gewinnen, als sie ihm hier Ezechiel gegeben hat. Die Worte „ob sie hören oder es lassen" erhalten ihre schärfste Formulierung und treffendste Begründung. Aber schon beschäftigt den Propheten eine neue Frage. Ist es denn immer der Frevler, der vom Unglück ereilt wird, sucht nicht auch den Gerechten das Unglück heim? — Gewiss, aber nur, wenn er den Weg der Gerechtigkeit verlässt. So muss also der Gerechte in gleicher Weise gewarnt werden, und die Verantwortung trifft den Propheten. Nun variirt er das Thema vom Wächter und wendet es in den Versen 20—21 auf den Gerechten an.

Ezechiel hatte somit seinen Beruf erkannt. Er ist der warnende Wächter, der das Unglück herannahen sieht und es verkündet, und nicht der Ermahner und Zurechtweiser, den man anhört und dessen Ermahnungen man befolgen kann oder nicht. Infolgedessen macht er es sich zur Pflicht, als Warner (מזהיר) zu sprechen und nicht als Zurechtweiser (איש מוכיח 3, 26). Das Wort und der Begriff תוכחה, welche bei den älteren Propheten und sonst in der heiligen Schrift eine so eminente Bedeutung gehabt und eine so grosse Rolle gespielt, hatten Werth und Kraft eingebüsst. Worte und Begriffe nützen sich wie alles Vergängliche ab. Wenn das Unglück auf der Ferse folgt, hilft keine Ermahnung; da kann nur noch der Warnruf retten, und für diesen Begriff wendet Ezechiel ein seltenes Wort an, das abgesehen von Einer, wie es scheint, allerdings sehr alten Stelle (II Kön. 6, 10), nur in jüngeren Stücken in der Bedeutung „warnen" vorkommt.

Wie ich schon angedeutet habe, war in den Versen 20—21 des dritten Kapitels in nuce die Lösung der Frage versucht worden, die Ezechiel innerlich viel beschäftigt hatte, und nicht Ezechiel allein; denn der in der Luft schwebende Gedanke verdichtete sich zu einem Sprichwort: „Die Väter essen Heerlinge und die Zähne der Kinder sind stumpf." Dieses Sprichwort muss viel verbreitet gewesen sein; denn nicht nur Ezechiel (18, 1), sondern auch Jeremias (31, 28) führt dasselbe an:

> In jenen Tagen wird man nicht mehr sagen: „Väter assen saure Trauben und die Zähne der Kinder sind stumpf", sondern ein Jeglicher wird durch seine Sünde sterben. Derjenige, der Heerlinge isst, dessen Zähne werden auch stumpf sein.

Während Jeremias bei dieser Vertröstung auf die Zukunft es bewenden lässt, versucht Ezechiel mit der ihm eigenthümlichen Specialisirung die Weltordnung, die zunächst für ihn in der politischen Situation seines Vaterlandes greifbare Formen angenommen hatte, zu rechtfertigen. Er tritt dem in diesem Sprichwort zum Ausdruck gebrachten Gedanken mit einer Emphase entgegen, wie sie nur die tiefste innere Ueberzeugung und der höchste sittliche Ernst eingeben können (18, 3—4):

> So wahr ich lebe, ist des Ewigen Spruch: Nicht soll fürderhin Jemand dies Sprichwort gebrauchen in Israel. Siehe, alle Seelen sind mein, wie die Seele des Vaters, so auch die Seele des Sohnes sind mein; die Seele, die da sündigt, die soll sterben.

Hierauf exemplificirt Ezechiel seine Anschauung von der Weltordnung an drei Generationen, Vater, Sohn und Enkel, von denen der erste ein Gerechter, der zweite ein Gottloser, der dritte aber wieder ein Gerechter war, und stellt die Theorie der individuellen Verantwortung auf. Es verlohnt sich, das Kapitel in drei Gruppen in nebeneinanderstehenden Columnen zu zerlegen.

38

Kapitel 18.

I

(5) וְאִישׁ כִּי־יִהְיֶה צַדִּיק
וְעָשָׂה מִשְׁפָּט וּצְדָקָה:

(6) אֶל־הֶהָרִים לֹא אָכָל
וְעֵינָיו לֹא נָשָׂא אֶל־גִּלּוּלֵי בֵּית יִשְׂרָאֵל
וְאֶת־אֵשֶׁת רֵעֵהוּ לֹא טִמֵּא
וְאֶל־אִשָּׁה נִדָּה לֹא יִקְרָב:

(7) וְאִישׁ לֹא יוֹנֶה
חֲבֹלָתוֹ חוֹב יָשִׁיב
גְּזֵלָה לֹא יִגְזֹל
לַחְמוֹ לְרָעֵב יִתֵּן
וְעֵרֹם יְכַסֶּה־בָּגֶד:

(8) בַּנֶּשֶׁךְ לֹא־יִתֵּן
וְתַרְבִּית לֹא יִקָּח
מֵעָוֶל יָשִׁיב יָדוֹ
מִשְׁפַּט אֱמֶת יַעֲשֶׂה בֵּין אִישׁ לְאִישׁ:

(9) בְּחֻקּוֹתַי יְהַלֵּךְ
וּמִשְׁפָּטַי שָׁמַר לַעֲשׂוֹת אֱמֶת
צַדִּיק הוּא חָיֹה יִחְיֶה נְאֻם אֲדֹנָי יְהוִה:

II

(10) וְהוֹלִיד בֵּן־פָּרִיץ שֹׁפֵךְ דָּם
וְעָשָׂה אָח מֵאַחַד מֵאֵלֶּה:

(11) וְהוּא אֶת־כָּל־אֵלֶּה לֹא עָשָׂה
כִּי גַם אֶל־הֶהָרִים אָכָל
וְאֶת־אֵשֶׁת רֵעֵהוּ טִמֵּא:

(12) עָנִי וְאֶבְיוֹן הוֹנָה
גְּזֵלוֹת גָּזָל
חֲבֹל לֹא יָשִׁיב
וְאֶל־הַגִּלּוּלִים נָשָׂא עֵינָיו
תּוֹעֵבָה עָשָׂה:

(13) בַּנֶּשֶׁךְ נָתַן
וְתַרְבִּית לָקַח
וָחָי לֹא:

III

(14) וְהִנֵּה הוֹלִיד בֵּן
וַיַּרְא אֶת־כָּל־חַטֹּאת אָבִיו אֲשֶׁר עָשָׂה
וַיִּרְאֶה וְלֹא יַעֲשֶׂה כָּהֵן:

(15) עַל־הֶהָרִים לֹא אָכָל
וְעֵינָיו לֹא נָשָׂא אֶל־גִּלּוּלֵי בֵּית יִשְׂרָאֵל
אֶת־אֵשֶׁת רֵעֵהוּ לֹא טִמֵּא:

(16) וְאִישׁ לֹא הוֹנָה
חֲבֹל לֹא חָבָל
וּגְזֵלָה לֹא גָזָל
לַחְמוֹ לְרָעֵב נָתָן
וְעֵרוֹם כִּסָּה־בָגֶד:

(17) מֵעָנִי הֵשִׁיב יָדוֹ
נֶשֶׁךְ וְתַרְבִּית לֹא לָקָח
מִשְׁפָּטַי עָשָׂה
בְּחֻקּוֹתַי הָלָךְ
הוּא לֹא יָמוּת בַּעֲוֹן אָבִיו
חָיֹה יִחְיֶה:

(18) אָבִיו כִּי־עָשַׁק עֹשֶׁק גָּזַל גֵּזֶל אָח וַאֲשֶׁר לֹא־טוֹב עָשָׂה בְּתוֹךְ עַמָּיו וְהִנֵּה־מֵת בַּעֲוֹנוֹ:

Ein Blick auf diese Gruppirung zeigt, wie sorgfältig und detaillirt Ezechiel gearbeitet hat. Die Weglassung von ואל אשה נדה קרב in der zweiten Columne ist durch den Zusammenhang vollkommen begründet. Dadurch erklärt sich aber der Ausfall in der dritten Columne, wo also die Worte zu ergänzen sind. Ebenso ist der Ausfall im Verse 12, wo die Parallele zu לחמו לרעב יתן וכו׳ fehlt, logisch begründet, obgleich die menschliche Gesellschaft auch solche Widersprüche hervorbringt, dass mit geraubtem Gute Wohlthaten an Arme vollbracht werden. In der ersten Columne (V. 9) ist ומשפטי שמר לעשות אמת als überschüssig zu streichen, weil schon früher משפט אמת יעשה an richtiger Stelle steht, wie die Parallele in der dritten Columne beweist. Die Unechtheit dieser Zeile ist durch שמר (Perf. für Imperf.) und אמת noch besonders erkennbar. Die Ergänzung in Vers 10 ergibt sich aus V. 18, wo ausdrücklich eine Thatsache angeführt wird, die früher erwähnt sein muss.[1]

Für die drei Generationen, welche Ezechiel hier als Exempel aufstellt, mögen ihm historische Persönlichkeiten aus der letzten Epoche des jüdischen Reiches vorgeschwebt haben. Man möchte zunächst an Chizķija, Manasse und (mit Uebergehung des kurzregierenden und unbedeutenden Amon) Josijahu denken. Auf Manasse passen die Epitheta „gewaltthätig und blutvergiessend“ (בן פריץ שיפך דם); denn als „Blutvergiesser“ wird unter den Königen von Juda lediglich Manasse bezeichnet וגם דם נקי שפך מנשה הרבה מאד (II Kön. 21, 16) und וגם דם הנקי אשר שפך וכו׳ (II Kön. 24, 4). Er ist auch der erste König von Juda, bei dem (nach der Entfernung der גלולים durch Assa I Kön. 15, 12) wieder גלולים erwähnt werden (II Kön. 21, 11 und 22), wie andererseits Josijahu es ist, der dieselben neuerdings abschafft (II Kön. 23, 24). Und gerade das Leben Manasse's, der 52 Jahre regiert und in Frieden gestorben ist, mag

---

[1] In den zwei letzten Punkten berührt sich diese durchwegs unabhängige Auseinandersetzung mit den von Jos. Halévy (Rev. des Étnd. Juives, t. XXIV, 47 seq.) über dieses Kapitel gemachten Bemerkungen, auf die ich aufmerksam gemacht worden bin. Eine Vergleichung wird aber zeigen, dass wir von ganz verschiedenen Gesichtspunkten ausgegangen waren und nur zum Theil zu gleichem Resultate gelangt sind. Zu der Ergänzung (V. 10—11) vergleiche man ותבצעי רעך בעשק (22, 12) und לנר עשו בעשק בתוך (22, 7), wodurch diese Wendung auch hier in ähnlichem Zusammenhang postulirt wird.

durch den ausgeprägten Gegensatz zum tragischen Schicksal des frommen und gottesfürchtigen Josijahu das Sprichwort gereift haben: „Die Väter essen Heerlinge und die Zähne der Kinder sind stumpf."

Auf die schicksalsschwere Frage in der jüdischen Geschichte giebt Ezechiel die deutliche Antwort, dass die Kinder ihre eigene Schuld zu büssen haben und nicht die der Eltern, dass jedes Individuum für sich selbst verantwortlich ist. Wenn man dagegen die Lehren der Geschichte aus den letzten Jahren des jüdischen Reiches anführen wollte und musste, so stellt Ezechiel die These auf, dass der Frevler durch Ab- und Umkehr der Strafe entgehen und sein Leben noch retten kann (18, 21), wie andererseits der Gerechte durch Abfall sich um alle früheren Verdienste bringen und dem Untergange verfallen muss. Auch hierin schwebte dem Propheten das Schicksal der beiden angeführten Könige vor.

Eine Illustration für die Anschauung und Auffassung Ezechiel's bietet eine Vergleichung der historischen Berichte über Manasse und Josijahu im Buche der Könige und in dem Buche der Chronik. Anstatt des kurzen unmotivirten Schlusses der Geschichte Manasse's im Buche der Könige (II Reg. 21, 18): „Und es verschied Manasse zu seinen Vätern und wurde im Garten seines Hauses begraben" findet sich II Chr. 33, 10 folgender Zusatz:

> Und es sprach der Herr zu Manasse und seinem Volke, sie aber hörten nicht. Da brachte er über sie die Heeresführer des Königs von Assur; die nahmen den Manasse mit Haken gefangen, banden ihn mit Ketten und führten ihn hin gegen Babel. Und da er in Noth war, flehte er zum Ewigen, seinem Gotte, und demüthigte sich sehr vor dem Gotte seiner Väter und betete zu ihm, und er liess sich von ihm erbitten und erhörte sein Flehen und liess ihn nach Jerusalem in sein Königreich zurückkehren. Und es erkannte Manasse, dass der Ewige Gott sei.

Die historische Authenticität dieser Stelle, soweit sie die Abführung Manasse's nach Babel und dessen Rückkehr nach Jerusalem betrifft, die man früher bezweifelt hat, scheint allerdings jetzt inschriftlich gesichert zu sein,[1] aber die Art, wie

---

[1] Vgl. E. Schrader, Die Keilinschriften und das Alte Testament (2. Aufl.), S. 366 ff.

der Chronist diese Thatsache zur Begründung der historischen Ereignisse verwendet hat, ist höchst charakteristisch und beachtenswerth.

Ein Gegenstück zu Manasse's Leben bildet das des Königs Josijahu, der, „wie keiner vor ihm sich zuwandte dem Ewigen mit ganzem Herzen, ganzer Seele und aller Kraft nach der Lehre Moses' und dessen Gleichen nicht mehr erstanden ist nach ihm" (II Kön. 23, 25) und trotzdem in der Schlacht bei Meggido, vom Feinde besiegt, gefallen ist. Auch hier ist die Vergleichung der beiden Geschichtsquellen sehr lehrreich. Mit einer bewunderungswürdigen Offenheit erzählt das Buch der Könige, dass die Prophetin Chulda, welche Unheil über Juda verkündet hatte, dem König Josijahu also sagen liess (22, 18ff.):

> Und dem Könige von Juda, der euch geschickt hat, den Ewigen zu befragen, sollt ihr also sagen: So sprach der Ewige, der Gott Israels, das sind die Worte, die du gehört .... fürwahr ich will dich versammeln zu den Vätern und du wirst versammelt werden in deine Grabstätte in Frieden, und deine Augen werden nicht sehen das Unheil, welches ich kommen lasse über diesen Ort.

und im folgenden Kapitel (23, 29) heisst es kurz und bündig:

> In seinen Tag zog Pharao Neko, König von Aegypten, gegen den König von Assur am Euphratflusse, und es zog ihm der König Josijahu entgegen, da tödtete er (Neko) ihn in Meggido, als er ihn erblickte.

Hier liegt also ein klaffender Widerspruch zwischen dem Postulate der göttlichen Gerechtigkeit und der Wirklichkeit, wie zwischen dem Orakel der Prophetin und der thatsächlichen Nichterfüllung desselben vor, und die Begründung, die mit dem Hinweis auf die den Zorn Gottes erregenden Gräuelthaten Manasse's gegeben wird (23, 26), ist erst recht geeignet, das Sprichwort von den Heerlingen zu rechtfertigen.

Im Gegensatze hierzu versucht nun der Chronist (II 35, 22) den Widerspruch zu erklären, indem er für den unglücklichen Ausgang des Treffens bei Megiddo den König Josijahu verantwortlich macht, weil „er nicht gehorcht hat den Worten des Neko, nach dem Befehle Gottes (מפי אלהים) und gekommen war zu kämpfen in der Niederung von Megiddo".

Wir sehen somit, dass die neue Auffassung der Dinge von der persönlichen Verantwortung, welche von Ezechiel proclamirt worden ist, die historische Pragmatik beeinflusst hat, wie andererseits die geschichtliche Darstellung im Buche der Chronik in gewisser Beziehung einen werthvollen Commentar dieses Kapitels bildet.

In engstem Zusammenhange mit Kap. 3 und 18 steht Kap. 33, V. 1—20. Es folgt auf die Kapitel 25—32, welche Orakel über die fremden Völker enthalten. In dieser Serie von Orakeln tritt Ezechiel nicht als Wächter und Warner auf, sondern als Verkünder des göttlichen Strafgerichtes, das unabwendbar hereinbricht. Kein Strahl des Erbarmens oder der inneren Theilnahme mildert diese Verkündigungen, im Gegentheile bricht aus diesen Weissagungen eine gedämpfte Schadenfreude durch, die zum Theil wegen des Antheils, welchen diese Völker an dem Untergange des jüdischen Reiches hatten, erklärlich wird. Als Einleitung einer weiteren Reihe von Prophezeiungen über Israel stellt Ezechiel die erste Hälfte des 33. Kapitels (V. 1—20) hin.

Eine Prüfung dieser Verse hat mich überzeugt, dass sie eine schriftstellerische Um- und Ausarbeitung der früheren beiden Stücke im 3. und 18. Kapitel sind, die aber auch zu einem bestimmten Zweck gemacht worden ist. Sowohl der Gedankengang des neuen Stückes und der logische und innere Zusammenhang, als auch der stilistische Aufbau zeigen deutliche Spuren dieser Umarbeitung. Eine Nebeneinanderstellung der drei Kapitel wird es am besten veranschaulichen:

33	3
(1) ויהי דבר ד' אלי לאמר :	(16) ויהי דבר ד' אלי לאמר :
(2) בן אדם.דבר אל בני עמך ואמרת אליהם ארץ כי אביא עליה חרב ולקחו עם הארץ איש אחד מקציהם ונתנו אותו להם לצופה :	
(3) וראה את החרב באה על הארץ ותקע בשופר והזהיר את העם :	
(4) ושמע השומע את קול השופר ולא נזהר ותבא חרב ותקחהו דמו בראשו יהיה :	
(5) את קול השופר שמע ולא נזהר	

דמי בו יהיה
והוא נדזר נפשו סלח:

(6) והצופה כי יראה את החרב באה
ולא תקע בשופר והעם לא נזהר
ותבא חרב ותקח מהם נפש
היא בעונו נלקח
ורמו מיד הצופה אדרש:

(7) ואתה בן אדם צפה נתתיך לבית ישראל
ושמעת מפי דבר
והזהרת אותם ממני:

(17) בן אדם צופה נתתיך לבית ישראל
ושמעת מפי דבר
והזהרת אותם ממני:

(8) באמרי לרשע מות תמות
ולא דברת להזהיר רשע מדרכו
הוא רשע בעונו ימית
ורמו מידך אבקש:

(18) באמרי לרשע מות תמות
ולא הזהרתי ולא דברת להזהיר רשע מדרכו
הרשעה לחיותו הוא רשע בעונו ימות
ורמו מידך אבקש:

(9) ואתה כי הזהרת רשע
מדרכו לשוב ממנה
ולא שב מדרכו
הוא בעונו ימות
ואתה נפשך הצלת:

(19) ואתה כי הזהרת רשע

ולא שב מרשעו ומדרכו הרשעה
הוא בעונו ימות
ואתה את נפשך הצלת:

(20) ובשוב צדיק מצדקו ועשה עול
ונתתי מכשול לפניו הוא ימות
כי לא הזהרתו בחטאתו ימות
ולא תזכרן צדקתי אשר עשה
ורמו מידך אבקש:

(21) ואתה כי הזהרתו צדיק
לבלתי חטא צדיק והוא לא חטא
חיו יחיה כי נזהר
ואתה את נפשך הצלת:

(10) ואתה בן אדם אמר אל בית ישראל
כן אמרתם לאמר
כי פשענו וחטאתינו עלינו
ובם אנחנו נמקים
ואיך נחיה:

(23) החפץ אחפץ מות רשע נאם אדני ד'
הלא בשובו מדרכיו וחיה:
(30 ⸗) שובי והשיבו מכל פשעיכם
ולא יהיה לכם למכשול עון:
(31) השליכו מעליכם את כל פשעיכם
אשר פשעתם בם
ועשו לכם לב חדש ורוח חדשה:
ולמה תמותו בית ישראל:
(32) כי לא אחפץ במות המת
נאם אדני יהוה והשיבו וחיו:
(20) הנפש החטאת היא תמית
בן לא ישא בעון האב ואב לא ישא בעין דבן
צדקת הצדיק עליו תהיה
ורשעת הרשע עליו תהיה:

(24) ובשוב צדיק מצדקו
ועשה עול
ככל התועבות אשר עשה הרשע
יעשה וחי
כל צדקותיו אשר עשה
לא תזכרנה
במעלו אשר מעל
ובחטאתו אשר חטא בם כם ימית:

(21) והרשע כי ישוב
מכל חטאתו אשר עשה

ושמר את כל חקותי
ועשה משפט וצדקה
חיו יחיה: לא ימית:

(22) כל פשעיו אשר עשה
לא יזכרו לו
בצדקתו אשר עשה יחיה:

(25) ואמרתם
לא יתכן דרך ארני
שמעו נא בית ישראל

---

(11) אמר אליהם חי אני נאם אדני ד'
אם אחפץ במות הרשע
כי אם בשוב רשע מדרכו וחיה:
סובו סובו מדרכיכם הרעים

ולמה תמותו בית ישראל:

(12) ואתה בן אדם
אמר אל בני עמך
צדקת הצדיק לא תצילנו ביום פשעו
ורשעת הרשע לא יכשל בה
ביום שובי מרשעו
(צדיק לא יוכל לחיית בה ביום חמאתי:)

(13) באמרי לצדיק חיה יחיה
והוא בטח על צדקתי
ועשה עיל
כל צדקתיו לא תזכרנה
ובעולו אשר עשה בו ימית:

(14) ובאמרי לרשע מות תמות
ושב מחטאתו ועשה משפט וצדקה:
(15) (חבל ישוב רשע נזלה ישלם)
בחקות החיים הלך
לבלתי עשות עיל
חיו יחיה לא ימות:

(16) כל חטאתי אשר חטא
לא תזכרנה לו
משפט וצדקה עשה חיו יחיה:

(17) ואמרו בני עמך
לא יתכן דרך ארני
והמה דרכם לא יתכן:

33	16
	הדרכי לא יתכן
	הלא דרככם לא יתכנו:
(18) ב ש ו ב צדיק מצדקתו	(26) ב ש ו ב צדיק מצדקתו
ועשה עול	ועשה עיל
ומת בהם:	ומת עליהם
	בעילו אשר עשה ימית:
(19) ו ב ש ו ב רשע מרשעתו	(27) ו ב ש ו ב רשע מרשעתי
תעשה משפט וצדקה	ועש משפט וצדקה
עליהם הוא יחיה:	הוא את נפשו יחיה:
	(28) ויראה ויסוב מכל פשעיו אשר עשה
	חיו יחיה לא ימית:
(20) ואמרתם	(29) ואמרו בית ישראל
לא יתכן דרך אדני	לא יתכן דרך אדני
	הדרכי לא יתכנו בית ישראל
	הלא דרכיבם לא יתכן:
איש כדרכיו אשפט אתכם	(30) לכן איש כדרכיו אשפט אתכם
בית ישראל:	בית ישראל

Wenige Bemerkungen werden genügen, um das Verhältniss dieser Stücke zu einander festzustellen. Kap. 3, 16 und 3, 1 beginnen beide:

Und es ward das Wort des Ewigen an mich also.

Kap. 33, 7 ist, abgesehen von dem vorgesetzten „Und du“, eine wörtliche Wiedergabe von 3, 17:

Menschenkind, zum Wächter habe ich dich eingesetzt dem Hause Israel. Wenn du hören wirst aus meinem Munde ein Wort, sollst du sie warnen von mir.

Die Verse 2—6 sind im Kap. 33 neu eingeschoben, sie ergänzen eine fehlende Prämisse, indem sie das Amt und die Pflichten eines Wächters genau definiren. Der Wächter hat von seiner hohen Warte auszuschauen und das Geschaute zu signalisiren. Thut er dies, so hat er seine Pflicht gethan, gleichviel ob sein Warnsignal beachtet worden ist oder nicht; unterlässt er es aber das Signal zu geben, so hat er seine Pflicht nicht erfüllt und ist für das hereinbrechende Unglück verantwortlich. Die zweite Prämisse folgt: „Zum Wächter habe ich dich eingesetzt“ und der Schluss ist nun selbstverständlich die sich daraus für

Ezechiel ergebende Pflicht. Man sieht, dass die Verse 2—6 des 33. Kapitels eine Gedankenlücke ausfüllen und nur das Product schriftstellerischer Reflexion sein können.

Im Verse 8 ist statt der übervollen Ausdrucksweise der ersten Prophezeiung in den Zeilen 2 und 3 der Gedanke knapper und schärfer gefasst, indem in Z. 2 die Worte ולא תזהר und in Z. 3 הרשע לחית weggelassen worden sind. Umgekehrt ist im V. 9 (3, 19) der Ausdruck deutlicher geworden durch Hinzufügung von Z. 2 מדרכי לשוב ממנה, ein Zusatz, der durchaus die Klarheit der Rede fördert, wogegen Z. 4 kürzer gefasst werden konnte.

Die Verse 20—21 des dritten Kapitels, die einen neuen Gedanken markiren, der im 18. Kapitel weiter ausgeführt worden ist, konnten und mussten hier weggelassen werden. Dafür aber wird dieser Gedanke in dem folgenden Verse (33, 10) in einer von Kap. 18 abweichenden Weise behandelt. Vers 10 bildet den logischen Uebergang zu diesem Gedanken: Was hilft das Signal und was jede Umkehr, wenn man der Sünde und Strafe einmal verfallen ist? Zugegeben, dass die Sünde der Väter den Kindern nicht angerechnet wird, aber die eigenen Frevel- und Missethaten lasten schwer und müssen den Untergang herbeiführen.

Darauf folgt im Verse 11 in knapper Wiedergabe der Verse 23, 31 und 32 des 18. Kapitels die Antwort: Zur Umkehr und Rückkehr sei es nie zu spät; nicht den Tod wünsche Gott, sondern das Verlassen des sündhaften Wandels, und der vollständige Untergang sei noch abzuwenden.

33, 12 fasst den Gedanken scharf zusammen und zeigt gegenüber 18, 20 den Fortschritt, dass dort noch immer die Rede ist vom Verhältniss zwischen Eltern und Kindern in Bezug auf Sünde und Strafe, während hier der Wechsel im Leben eines Menschen zum Gegenstand der Betrachtung gemacht wird. Die Nebeneinanderstellung der zweiten Vershälften in ihrer Gleichheit und Verschiedenheit zeigt deutlich den Gegensatz der auszudrückenden Gedanken. Die letzte Zeile von Vers 12 ist, wie schon Cornill richtig bemerkt hat, schwankend in der Ueberlieferung, schiesst über, zerstört den Parallelismus, und, was jetzt dazu kommt, fehlt in der Vorlage. Sie ist daher zu streichen.

Höchst instructiv ist aber die Vergleichung der Verse 13—20 mit den entsprechenden Versen des 18. Kapitels. Gegenüber der vollen rhetorischen Ausdrucksweise der ersten Prophezeiung ist hier eine knappere und präcisere Formulirung zu beobachten. Der Stil ist nicht so lebendig und unmittelbar, dafür aber treffender und epigrammatischer. In der Reihenfolge der Sätze ist zu beachten, dass im Kap. 33 die Abwechslung eine regelmässige ist: der Gerechte (V. 13), der Frevler (V. 14), der Gerechte (V. 18) und der Frevler (V. 19), wogegen im Kap. 18 in der ersten Hälfte die Ordnung confundirt ist, indem zuerst der Frevler und dann der Gerechte besprochen wird.

Am meisten charakteristisch für die Umarbeitung ist der sorgfältige und auch äusserlich gekennzeichnete Aufbau im Kap. 33 gegenüber Kap. 18.

33	18
באמרי לצדיק	הרשע כי ישוב
ובאמרי לרשע	ובשוב צדיק
ואמרו בני עמך לא יתכן	ואמרתם לא יתכן דרך אדני
בשוב צדיק	בשוב צדיק
ובשוב רשע	ובשוב רשע
ואמרתם לא יתכן דרך אדני	ואמרו בית ישראל לא יתכן

Zeigt Kap. 33 schon äusserlich eine gewisse stilistische Architektonik, so gewinnt auch innerlich die Gedankengliederung an Klarheit und logischer Prägnanz. Die beiden Glieder der Periode, welche mit באמרי beginnen, sind Bedingungssätze, die ihre innere Berechtigung in sich tragen. In dem Ausdrucke „wenn ich sage" liegt nämlich auch die Begründung, warum der Gerechte, beziehungsweise der Frevler ihren Wandel ändern wollen, indem der Gerechte, auf das gegebene Versprechen vertrauend, alles zu thun sich für berechtigt hält, wogegen der Frevler, durch die Mahnung und Drohung stutzig gemacht, noch zur rechten Zeit umkehrt.

Dagegen sind die beiden mit בשוב beginnenden Sätze (18 und 19) keine Hypothesen, sondern Schlussfolgerungen, sie ziehen das Facit aus den früheren Prämissen und sagen kurz: „Demnach ist also die Abweichung vom Rechte der Tod und die Rückkehr zur Gerechtigkeit das Leben." Dem entsprechend sind also die Worte באמר und ובאמרי „wenn ich sage" zu übersetzen, wogegen die Verse 18—19 also übersetzt werden müssen:

> Indem der Gerechte von seiner Gerechtigkeit sich abwendet und Unrecht thut, stirbt er um ihretwillen.
>
> Und indem der Frevler von seinem Frevel sich abwendet und Recht und Gerechtigkeit übt, lebt er um dessenwillen.

Die stilistische Architektonik wie die logische Prägnanz fehlen aber ganz und gar im 18. Kapitel. Es ist weder die gleiche Reihenfolge eingehalten, noch auch durch gleiche stilistische Wendungen die gleiche Art des Gedankenausdruckes markirt. Auch können die Sätze mit בשוב (18, 26 und 27) wegen ihrer Weitläufigkeit und ganz andersartigen Fassung nur als Bedingungssätze angesehen werden, wodurch eine fast unleidliche Wiederholung entsteht. Durch die Breite und Lebendigkeit der Rede leidet die Klarheit und Uebersichtlichkeit. Man vergleiche z. B. 33, 13 mit 18, 24 oder 33, 19 mit 18, 27—28, so wird man auf der einen Seite übersprudelnde Fülle des Ausdrucks und lebendige unmittelbare Darstellung, auf der anderen Seite logische Schärfe und epigrammatische Kürze finden. Es ergibt sich dann von selbst, dass die erste Zeile von 33, 15 חבל ישוב רשע נזלה ישלם als überflüssig gestrichen werden muss.

Endlich sind die beiden refrainartigen Sätze (V. 17 und 20) zu beachten. Vergleicht man damit 18, 25 und 29, so fällt der Wechsel der zweiten und dritten Person in die Augen. Der Wechsel war vom Propheten aus stilistischen Gründen beabsichtigt, ist aber im 18. Kap. ohne Berechtigung, weil in beiden Fällen (V. 25 und 27), auf ואמרתם sowohl als auf אמרו, directe Ansprachen in zweiter Person folgen. Dagegen ist im 33. Kapitel durch die Umstellung und die entsprechende Aenderung in V. 17 der Wechsel vollkommen correct und begründet.

Ein prophetisches Schema.

In der Epigraphik ist die Erkennung des Schemas von grösster Wichtigkeit. Inschriften derselben Gattung (Bau-, Weih- oder Grabinschriften) sind insbesondere bei gleicher Provenienz in der Regel nach einem bestimmten Muster angefertigt, und wir sind oft im Stande, zerstörte Inschriften herzustellen und zu ergänzen, wenn wir eine oder mehrere gut erhaltene besitzen. Bedeutsame Denkmäler zeichnen sich freilich auch durch originelle Wendungen und Phrasen aus und weichen vielfach vom Muster ab; Inschriften niedrigster Gattung gleichen dagegen einander in der Fassung vollkommen und unterscheiden sich nur durch die verschiedenen Eigennamen: das Muster ist in diesem Falle zur Schablone herabgesunken. Zwischen beiden Extremen liegt die grosse Zahl derjenigen Denkmäler, die wohl die Grundform des Schemas beibehalten, in denen aber durch mehr oder minder geschickte Variationen die Einförmigkeit belebt und individualisirt wird.

Was von dieser primitiven Gattung der Litteratur, der Epigraphik gilt, findet auch auf die höchsten Gattungen derselben Anwendung. Das Drama und das Epos werden bis zu einem gewissen Grade nach einem gegebenen Muster und bestimmten Schema gearbeitet. Dass auch die Prophetie sich diesem allgemeinen Gesetze nicht entziehen kann, braucht wohl kaum betont zu werden. Ich will es nun versuchen, an einem Beispiele zu zeigen, wie der höchst originelle und schöpferische Ezechiel eine Reihe von Orakeln nach einem bestimmten Schema geschaffen hat. Um das Schema blosszulegen, braucht man bloss die Zusätze und Aenderungen, die durch den Gegenstand, den Ort und die Zeit gefordert werden, auszusondern und das Augenmerk auf die festen, unveränderlichen Bestandtheile zu richten.

Prüfen wir Ezechiel Kap. 6 darauf hin, so lässt sich das Schema loslösen und in wenigen Sätzen formuliren:[1]

V. 2. Befehl an den Propheten, das Orakel zu verkünden.
V. 3. Anrede an die Berge.

---

[1] Eine vergleichende Uebersicht der congruirenden Kapitel findet sich auf S. 54 und 55.

V. 3—7. Verkündigung von Krieg und Todschlag auf den Bergen und den Hügeln, Schluchten und Thälern, Zerstörung und Verwüstung der Städte.

V. 7. Erkenntniss der Macht Gottes durch die erfahrene Züchtigung (וידעתם כי אני יהוה.)

V. 10. Erkenntniss Gottes unter den Völkern (וידעו כי אני יהוה).

Ein Gegenstück zu Kap. 6 bildet Kap. 36, wo die Rückkehr des Volkes in das heilige Land und die Wiederbevölkerung des Landes und der Stadt verkündet werden. Nach Aussonderung von Einschaltungen, die zum Theil anderen Schemata entsprechen, und Ausscheidung von Wiederholungen erhalten wir nahezu dasselbe Schema wie in Kap. 6, selbstverständlich mit den von dem gegensätzlichen Inhalte geforderten Veränderungen:

V. 1. Befehl an den Propheten, das Orakel zu verkünden.

V. 4. Anrede an die Berge.

V. 4—10. Die Berge und Hügel, Schluchten und Thäler werden wieder bebaut, Zuwachs der Bevölkerung, Wiederaufbau der Städte.

V. 11. Erkenntniss Gottes aus der staatlichen Wiedergeburt (וידעתם).

V. 36. Erkenntniss Gottes unter den Völkern (וידעו).

Seinem ganzen Baue nach den erwähnten Orakeln sehr verwandt ist das Orakel über Seïr und Edom (Kap. 35). Die Einschaltungen betreffen den Hass Edoms gegen Juda und die Schadenfreude, welche sie über die Zerstörung des jüdischen Reiches empfunden haben.

V. 2. Befehl an den Propheten, das Orakel zu verkünden.

V. 3. Anrede an die Berge.

V. 8—9. Verkündigung von Krieg und Todschlag auf den Bergen und Hügeln, Schluchten und Thälern, Zerstörung der Städte.

V. 10. Erkenntniss Gottes durch die erfahrene Züchtigung (וידעתם).

V. 15. Erkenntniss Gottes unter den Völkern (וידע).

Weniger durchsichtig ist das Schema in dem Klageliede (קינה) über Pharao und Egypten (Kap. 32), welches die Völker

anstimmen sollen, aber trotzdem sind die Spuren des Schemas
und die Einwirkung desselben noch erkennbar.[1])

V. 2. Befehl an den Propheten, das Klagelied anzustimmen.

V. 2—3. Anrede an Pharao und Egypten (wie sonst an
die Berge).

V. 5. Die Berge und Hügel, Thäler und Schluchten werden
erfüllt sein von Todten und Erschlagenen.[2])

V. 15. Durch die Zerstörung Egyptens werden die Völker
Gott erkennen (וְיָדְעוּ), Egypten selbst wird aber
nicht zur Erkenntniss Gottes gelangen.[3])

Die Thatsache, dass mehrere Orakel nach einem bestimmten Schema gearbeitet worden sind, glaube ich, damit er-
wiesen zu haben; sie ist auch für die Textkritik und die Ermitt-
lung des Sinnes durchaus nicht ohne Bedeutung. Wie das Schema
in der Epigraphik für die Herstellung zerstörter Inschriften einen
Anhalt gewährt, so bietet es auch hier eine sichere Handhabe
für die Beurtheilung des Textes an zweifelhaften Stellen. Ich
will nun zur Illustration dieser Behauptung eine Reihe von
Textverbesserungen, welche Cornill nach sorgfältiger Zusammen-
stellung aller kritischen Hilfsmittel und nach genauer Abwägung
des Textsinnes vorgeschlagen hat, einer Prüfung unterziehen,
und es wird sich zeigen, wie alle Sorgfalt und alle Kritik oft
nutzlos sind und wie leicht man irregeleitet wird, wenn man
gegen die Ueberlieferung den Text nach secundären Quellen
oder Conjecturen zu construiren versucht. Durch dieses Ver-
fahren, das ich eingeschlagen, wird gewissermassen der Prophet
selbst angerufen, um sein klassisches Zeugniss gegen die Text-
verbesserer abzugeben.

So liest Cornill 6, 6 הֶעָרִים תֶּחֱסַבְנָה für הֶעָרִים תֶּחֱרַבְנָה und
bemerkt dazu: „Es wird hier Bestrafung und dadurch hervor-
gerufenes Aufhören des Götzendienstes angedroht, und zwar
des Höhendienstes הבמות, welcher auf Bergen und unter Bäumen
getrieben wird; deshalb sind hier auch nicht Volk oder Land,

---

[1]) Noch verkümmerter erscheint das Schema im Kap. 31 (V. 2 und 12),
Kap. 29 (V. 2. 5. 6), Kap. 30 (V. 2. 4. 7. 8), die sich alle auf Egypten beziehen.

[2]) In Kap. 31, 12 treten für die Leichen die Aeste und Zweige des ge-
fällten Baumes ein.

[3]) וידעתם fehlt hier wie in allen Orakeln über Egypten.

4*

sondern ganz eigentlich die Berge Israels angeredet. Der
Plural יערים, sonst im AT nur in dem Stadtnamen קרית יערים erhalten, kommt gerade bei Ezechiel auch in dem überlieferten
Texte noch 34, 25 und 39, 10 vor; von חטב ist ein Nif'al zwar
nicht belegbar, aber auch nicht zu beanstanden. Die überlie-
ferte Lesart konnte leicht entstehen nach dem vorhergehenden
בכל מושבותיכם und unter Einfluss von Lev. 26, 31."

Trotz dieser scheinbar wohl begründeten Erwägungen
muss die Conjectur, abgesehen von allen anderen Bedenken
(יער heisst „Wald" und nicht „Hain", und man sagt wohl
חטב עצי היער aber nicht חטב היער) durch den Hinweis auf das
Schema und die sich daraus ergebenden Parallelen (35, 9. 36, 4.
10) als ganz unzulässig bezeichnet werden, wobei zu beachten
ist, dass auch 35, 2 und 36, 1. 6 der Berg Seïr, beziehungsweise die Berge Israels angeredet werden.

Dass die Anrede an die Berge mit dem „Aufhören des
Götzendienstes" in einer gewissen Verbindung steht, trifft in
diesem Falle nicht zu und erklärt ist sie dadurch auch nicht.
Bei der Anbetung der Götzen auf „Bergen und Hügeln" (Deut.
12, 2, Jes. 2, 14. 65, 7, Hos. 4, 13) werden nur הרים ונבעות erwähnt, der Zusatz „Schluchten und Thäler" beweist, dass hier
ein anderer Gedankengang im Geiste des Propheten gewaltet
hat. Es ist überhaupt merkwürdig, dass in Verbindung mit הרים
ונבעות (27 mal ausser Ezechiel) nur dreimal Thäler vorkommen.[1])

Die Erwähnung von Bergen, Hügeln, Thälern und Schluchten führt auf eine andere Quelle zurück, die ich weiter unten
nachweisen werde, und hängt eng zusammen mit den Leichen
und Erschlagenen, die auf denselben hingestreut werden.

Demnach muss auch eine weitere Textveränderung Cor-
nill's, der 32, 4 ונתתי את בשרך על ההרים ומלאתי הגאיות רמותך und 32, 5
מרמך אל ההרים streicht, abgewiesen werden, weil dadurch die stereotype Wendung von „Bergen, Hügeln, Schluchten und Thälern", die man hier durchaus zu erwarten hat, beschädigt wird.

---

[1]) Joel 4, 18, Jes. 40, 4 und 42, 15. Davon zu trennen sind Ver-
bindungen הר וגבע Jos. 17, 16, Richt. 1, 19, Jer. 48, 8 und Plural הרים גבעים
(I Kön. 20, 28), Mich. 1, 4. Dagegen ist Zech. 4, 7 (הר ..לפשׁׁי) mit Jes. 42,
15 zusammenzustellen.

Cornill fragt allerdings mit Recht: „Wie kommt der Cadaver des getödteten Krokodils auf die Berge? Und sein Fleisch? Das haben ja in V. 4 die Thiere schon längst gefressen." Aber mit gleichem Rechte könnte man fragen: Passt denn das Folgende: „Und ich verhülle bei deinem Erlöschen den Himmel und verfinstere die Sterne" auf das Krokodil? Man muss also sagen, dass der Prophet vom Bilde des Krokodils ablenkt und auf Egypten selbst zurückgreift. Dies hat er eben nach dem massoretischen Texte schon V. 5 gethan.

Auch die Verbesserung 35, 5 נבעיתך חללים ומלאתי ist nicht haltbar, weil dadurch die für das Schema festgefügte Phrase zerrissen wird. Die Begründung „da ein Berg angeredet wird, ist הרים auffällig" hält nicht Stich, weil erstens nicht der Berg Seïr, sondern das Gebirge angeredet wird, welches eben aus Bergen, Hügeln, Thälern und Schluchten besteht, zweitens weil ja auch 6, 1 הרי ישראל vorangeht und dann הרים folgt.

Endlich liest Cornill 35, 9 וידעת כי אני יהוה (für וירעי) im Anschluss an die Septuaginta. Auch dagegen protestirt das festgestellte Schema, welches die Lesung der Massora bestätigt. Noch weit weniger passt der Zusatz אלהים, den Cornill nach LXX gern recipiren möchte.

Von den drei Stellen, wo neben Bergen und Hügeln auch Thäler vorkommen, ist Joel 4, 18—21 in erster Reihe zu beachten. Das Wort für „Schlucht" (אפיקים) klingt an Ezechiel stark an, und auch das folgende נחל, · wie die ganze Phrase von der Quelle, die in dem Tempelgebiete entspringt, weisen auf Ezechiel zurück.[1]) Dazu kommt noch, dass in diesem Verse Spuren des schon gekennzeichneten Schemas noch erkennbar zu sein scheinen. Freilich drängt sich bei Betrachtung der Stelle auch Amos 9, 13—14 als Vorlage auf, wie ja in der That Joël von Beiden beeinflusst sein kann. Ob die Abhängigkeit von Ezechiel genügend gesichert ist, um daraus eine neue Stütze für die jetzt übliche Zeitansetzung von Joël zu gewinnen, lasse ich dahingestellt.

Schliesslich scheint mir in Jes. 40, 4 die Häufung der Synonyma für Berg und Thal eine Weiterbildung der von Ezechiel eingeführten Phrase zu sein.

---

[1]) Vgl. Ezechiel 47. 2 ff.

Kap. 6.	Kap. 32.	Kap. 35.
(2) בן אדם שים פניך	(2) בן אדם שא קינה	(2) בן אדם שים פניך
אל הרי ישראל	על פרעה מלך מצרם	על הר שעיר
והנבא עליהם:	ואמרת אליו	והנבא עליו:
(3) ואמרת הרי ישראל		(3) ואמרת לו
		כה אמר אדני יהוה.
שמעו דבר יהוה.		הנני אליך הר שעיר
כה אמר אדני יהוה.	(5) ונתת את בשרך	(8) ומלאתי
להרים	על ההרים	את הריו חלליו
ולגבעות	ומלאתי הגאיות רמותך:	גבעותיך
לאפיקים	(6) והשקיתי ארץ צפתך	וניאותיך
ולגיאות	מדמך אל ההרים	וכל אפיקך
	ואפיקים ימלאו ממך:	
הנני מביא עליכם חרב		חללי חרב
ואבדתי במותיכם:		יפלו בהם:
(4) ונשמו מזבחותיכם		
... והפלתי חלליכם		
(6) בכל מושבותיכם		(9) שממות עולם אתנך
הערים תחרבנה.		ועריך לא תשבנה.
והבמות תישמנה		
(7) ונפל חלל בתוככם		
וידעתם כי אני יהוה:		וידעתם כי אני יהוה:
(8) והותרתי בהיות לכם	(15) בתתי את ארץ מצרם	(15) ... שממה תהיה
פליטי חרב בגוים	שממה ונשמה	הר שעיר וכל אדום כלה
	ארץ ממלאה	
	בהכותי את כל יושבי בה	
(10) וידעו כי אני יהוה	וידעו כי אני יהוה:	וידעו כי אני יהוה:

Kap. 36.	Joel, Kap. 4.	Amos, Kap. 9.
(1) ואתה בן אדם הנבא	(18) והיה ביום ההיא	(13) הנה ימים באים
אל הרי ישראל		... והטיפו ההרים עסיס
שמעו דבר יהוה:		וכל הגבעות תתמוגגנה:
(4) לכן הרי ישראל		(14) ושבתי את שבות
שמעו דבר אדני יהוה		עמי ישראל
כה אמר אדני יהוה		ובנו ערים נשמות וגו'
להרים	יסמו ההרים עסים	
ולגבעות	והגבעות תלכנה מים	
לאפיקים	וכל אפיקי יהודה	Jes., Kap. 40.
ולגאיות	ילכו מים	(4) כל גיא ינשא
		יכל הר וגבעה ישפלו
ולחרבות השוממות	ומעין מבית יהוה יצא	והיה העקוב למישור
ולערים הנעזבות	והשקה את נחל השטים:	והרכסים לבקעה:
	(19) מצרים לשממה תהיה	
(6) ... ואמרת להרים	ואדום למדבר שממה תהיה	
ולגבעות לאפיקים	מחמס בני יהודה	
ולגאיות	אשר שפכו דם	
(9) .. ועבדתם הזרעתם:	נקיא בארצם:	
(10) הרביתי אליכם אדם	(20) ויהוה לעולם תשב	
כל בית ישראל כלה	וירושלם לדור ודור:	
ונשבו הערים		
והחרבות תבנינה:	(21) ונקיתי דמם	
(11) ..וידעתם כי אני יהוה:	לא נקיתי	
(35) ואמרו הארץ הלזו		(5) ונגלה כבוד יהוה
הנשמה היתה כגן עדן		וראו כל בשר יחדיו
והערים החרבות		
והנשמת והנהרסות		
בצורות ישבו:		
(38) .. וידעו כי אני יהוה:	ויהוה שוכן בציון:	כי פי יהוה דבר:

Keilschriftliche Parallelen.

Es ist oben schon angedeutet worden, dass die oft in verschiedenen Variationen bei Ezechiel wiederkehrende Wendung „von den Leichen und Erschlagenen auf den Bergen und Hügeln, Schluchten und Thälern" auf eine Quelle zurückgeht, die bisher noch nicht erkannt worden ist. Diese Quelle ist die keilschriftliche Litteratur. Es ist eine irrige Vorstellung, zu glauben, dass in jenen alten Zeiten die Litteraturen der verschiedenen Völker von einander abgeschlossen waren und ohne Einfluss auf einander geblieben sind. Sie hingen vielmehr enger zusammen, als man gemeiniglich glaubt, und man darf mit gleichem Rechte von einer vorderasiatischen Litteratur jener Zeit reden wie heute von einer europäischen. Auch ist es nicht gewagt, vorauszusetzen, dass ein Mann von der Begabung Ezechiels die keilschriftlichen Denkmäler bis zu einem gewissen Grade kennen gelernt hat, und wenn er auch vielleicht die wunderlichen Keilzeichen und die verwickelte Anwendung derselben sich nicht angeeignet haben musste, so ist doch anzunehmen, dass er bei seinen umfassenden Kenntnissen und seiner grossen Wissbegierde sich manche Inschrift hat vorlesen lassen.

In der That glaube ich, Spuren dieser Kenntnisse gerade in der oben angeführten Phrase erkennen zu müssen und erinnere daran, dass in keilschriftlichen Denkmälern von der Zeit Tiglat-Pileser I bis zu Assurbanipal (also durch ein halbes Jahrtausend) eine ähnliche Wendung in verschiedenen Variationen unzählige Male wiederkehrt. So heisst es in den Annalen Tiglat-Pileser I, Col. III 23—27 (und mit leichten Abweichungen I 77—80, V 92—96, VI 4—7):

šal-mat (24) ku-ra-di-šu-nu i-na gi-šal-lat šad-i (25) ki-ma ra-ḥi-ṣi lu-ki-mir dami-šu-nu (26) ḥur-ri u ba-ma-a-ti ša šadi-i (27) lu-šar-di.	Die Leichen (24) ihrer Krieger auf den Höhen der Berge (25) wie ein Platzregen warf ich hin, ihr Blut (26) über Schluchten und Höhen des Gebirges (27) liess ich fliessen.

Col. III, 55—56 ist die Phrase deutlicher, indem für die dunklen Worte gišalat und kamiru bekanntere stehen:

(53) šal-ma-at ku-ra-di-šu-nu i-na ba-mat šadi-i (54) a-na gu-ru-na-a-	(53) Die Leichen ihrer Krieger auf den Höhen der Berge (54) häufte

tl lu u-ki-ri-in (55) *damt ku-ra-di-šu-nu hur-ri u ba-ma-a-tl* (56) *ša šadi-i lu-šar-di.*

ich zu Haufen, (55) das Blut ihrer Krieger liess ich über Schluchten und Höhen (56) der Berge fliessen.[1]

Eine möglichst wörtliche hebräische Uebersetzung der letzten Stelle würde etwa lauten:

את חללי גבוריהם על במות הרים צבר חמרים
ודמי נבוריהם שפך על חרים ובמות הרים

Eine etwas abweichende Phrase bietet Col. IV, 18—21:

(18) *sabi muk-tab-li-šu-nu i-na gi-šal-lat šadi-i* (19) *a-na gu-ru-na-a-tl lu-ki-ri-in* (20) *damt ku-ra-di-šu-nu (šadu) Ḥi-ri-ḫa* (21) *ki-ma na-ba-si lu-u as-ru-up.*

(18) Ihre Kämpfer im Dickicht der Berge (19) häufte ich zu Haufen (20) mit dem Blut ihrer Krieger färbte ich den Berg Ḥiriḫa wie Wolle.

Aehnliche Phrasen finden sich auch in der Annaleninschrift Assurnaṣirpals, so Col. I 53 (Schrader, Keilinschr. Bibl. I, 60). Vgl. ferner II 17—18, 36—37 und 41:[2]

(53) *damt-šu-nu ki-ma na-pa-si ša-du lu as-ru-up si-ta-ti-šu-nu hur-ru na-ad-ba-ku šadi-l akul.*

Mit ihrem Blute färbte ich den Berg wie Wolle, ihren Rest vernichtete ich in den Schluchten und Abhängen der Berge.

Noch eine Wendung aus derselben Inschrift Col. II 114 sei hier angeführt:

damt-šu-nu šadu-u as-ru-up pag-ri-šu-nu hur-ru na-ad-ba-ku ša šad-l u-ma-li.

Mit ihrem Blut färbte ich den Berg, mit ihren Leichnamen füllte ich die Schluchten und Abhänge der Berge.

Hebräisch müsste die Phrase etwa lauten:

בדמיהם השקיתי הרים כצמר
ואמלא פגריהם חרים ונדבכי ההרים

Beachtenswerth ist das Wort *nadbaku*, welches ich durch נרבך wiedergegeben habe. Es ist dasselbe Wort, welches Ezra 6, 4 in נרבין „Steinlager, Bauschichte" vorkommt. In den Targumim und im Talmud findet sich neben dieser Form auch מרבך, welches ursprünglicher ist (denn נרבך ist wegen Dissimilation

---

[1] Vgl. II Sam. 1, 19 הצבי ישראל על במותיך חלל איך נפלו נבורים
und 1, 25 איך נפלו נבורים בתוך המלחמה יהונתן על במותיך חלל.

[2] Wie nicht minder in den Inschriften von Salmanasser II, Sargon, Assarhadon und Assurbanipal.

58

der Lippenlaute entstanden). Daneben zeigt das Arabische in einem, wie es scheint, alten Lehnwort aus Mesopotamien die Form مدماك (midmâk) in der Bedeutung „Bauschichte" (الساف من البنا‎,), wofür el-Aṣma'i einen Vers als Beleg citirt:[1])

الا يا ناقض الميثا ٭ ق مِذْماً فمدماً

O der du den Vertrag verletzt, Schichte nach Schichte.

Es ergibt sich also für *nadbaku* die alte Form *madbaku*, beziehungsweise *madmaku*. Vergleichen wir nun mit den letzten Stellen aus Assar-naṣir-pal Ez. 32, 5—6:

תתתי את בשרך על ההרים ומלאתי הגאיות רמותך
והשקיתי ארץ צפתך מדמך אל ההרים ואסיקים ימלאו ממך

so muss unbedingt zugegeben werden, dass diese Verse stark an die letzten Phrasen anklingen, dem Sinne nach sowohl als auch durch eine Reihe von Wörtern, welche gleich lauten oder gleiche Bedeutung haben, und es drängt sich mit Gewalt die Lesung auf:

והשקיתי ארץ צפתך
ומִרְמָבֵי ההרים
ואסיקים ימלאון ממך

Ob in dem dunklen צפתך nicht ein Wort für „Wolle" (arab. صوف) steckt, lasse ich dahingestellt. So gewagt diese Hypothese ist, so scheint sie mir immer kritisch berechtigter zu sein als die einfache Streichung. Gleichviel ob man מִרְמָבֵי liest oder nicht, die Phrase von den Leichen auf den Bergen und Hügeln und dem Blute in den Schluchten und Thälern steht unter keilschriftlichem Einflusse.

Dass die Berührung der prophetischen und keilschriftlichen Litteratur nicht vereinzelt ist und ein vergleichendes Studium dringend erheischt, mögen folgende Beispiele beweisen.

„Schwert, Hunger und Pest" (החרב והרעב והדבר) sind die drei Plagen Gottes, mit welchen Jeremias und Ezechiel dem Volke Israel drohen. Mehr oder minder deutliche Anspielungen

---

[1]) Einen anderen Vers citirt Tha'lab: تَدُقّ مِذْماكَ الطَّوِق قُدَمُهُ ‚es zertritt sein Fuss die Bauschichte des Brunnens.' Die Lexicographen bemerken ausdrücklich, dass مدماك in Ḥiǧâz gebräuchlich war, während man im Irâq ساف sagte. Man hat also in Arabien den Terminus technicus aus Babylon beibehalten, wogegen man im Irâq den neumodischen Ausdruck verwendete.

auf diese drei Strafgerichte Gottes finden sich allerdings schon
Amos 4, 6—10, II Sam. 24, 13 und I Kön. 8, 33—37; ausdrücklich erwähnt werden sie in einem Gebete Josaphats (?) in
II Chr. 20, 9, aber deutlich und häufig kommen diese Strafgerichte erst bei Jeremias und Ezechiel vor. Die Trias findet sich
bei Jeremias 18 mal,[1]) in Ezechiel kommt neben der Trias
(6, 11. 7, 15. 12, 16) auch noch eine Vierheit vor, indem חיה רעה
dazu tritt, (5, 17. 14, 15—19), womit noch 33, 27 und Lev. 26
22—26 zu vergleichen sind.

Es ist nicht ohne Interesse, zu bemerken, dass gerade
die Inschriften Assurbanipals, eines älteren Zeitgenossen Jeremias' (er starb 626 n. Chr., während die Prophetenweihe Jeremias' 627 erfolgt ist), in dieser Beziehung manche merkwürdige
Uebereinstimmung bieten. Ich theile die wichtige Stelle der
Annaleninschrift in Keilschrift und Transscription mit III. 118 ff.:[2])

(118) Ina um-mi-šu-ma   ištin (in)   (amîlu) šabru

(119) ina šat mu-ši   u- tul- ma

(120) i- na- aṣ- ṭa- al   šuttu

(121) um-ma ina ili ki- kal- li ša Sin ša-
ṭir ma

(122) na- a ša iṭ-ti Ašur-bani-pal šar (mat)
Ašur

(123) ik- pu- du limuttu ip-pu-šu ṣi- l- lu-
u- tu

[1]) Jer. 14, 12. 21, 7. 9. 19. 24, 10. 27, 8. 13. 28, 8 (l. לרעב für לרעה),
29, 17. 18. 32, 24. 36. 34, 17. 38, 2. 42, 17. 44, 13.
[2]) The Cuneiform Inscriptions of W. A., Vol. V und Schrader, Keilschriftliche Bibliothek Bd. II.

(124) [cuneiform] [cuneiform] [cuneiform]
nu - u - tu   lim-nu   a - šar - rak - šu - nu - ti

(125) [cuneiform]
ina   patri   parzilli   ḫa - an - ṭi   mi - kit   iššti

[cuneiform]
ḫuiuḫḫi

(126) [cuneiform]
lipit   Girra (Diḫarra)   u - kat - ta - a   nap-

[cuneiform]
šal - šu - un

(127) [cuneiform]
a - na - a - ti   aš - mi - i - ma   at - kil   a - na   a-mat

[cuneiform]
Sin   bil - ia

Assurbanipal.	Jeremias Kap. 27.
(118) Zu jener Zeit legte sich ein Traumdeuter (119) gegen Ende (?) der Nacht nieder (120) und sah im Traume, (121) nämlich auf der Scheibe des Mondes stand geschrieben (122): „Wer gegen Assurbanipal, den König von Assyrien, (123) Böses plant und einen Kampf unternimmt, (124) dem will ich bösen Tod zu Theil werden lassen. (125) Durch das eiserne, schnelle Schwert, Brand des Feuers, Hungersnoth (126) Berührung des Gira (Pest) werde ich ihrem Leben ein Ende machen". (127) Dies hörte ich und vertraute auf das Wort des Sin, meines Herrn.	(9) Und ihr sollt nicht gehorchen euren (falschen) Propheten, Wahrsagern und euren Träumen, euren Wolkendeutern und Zauberern, welche euch sagen: „Seid nicht unterthan dem König von Babel" (8) Und das Volk und das Reich, welche nicht unterthan sein wird dem Nabukadnaṣar, dem König von Babel, und wer nicht beugen wird seinen Nacken unter das Joch des Königs von Babel — durch Schwert und Hungersnoth und Pest werde ich dieses Volk heimsuchen, ist das Wort JHWH's, bis ich sie ganz aufreibe durch seine Hand.

Ich habe schon an anderem Orte[1]) auf den Zusammenhang hingewiesen, der zwischen den Fluchformeln auf assyrischen Verträgen und den beiden berühmten Abschnitten besteht, die

---

[1]) Die Altsemitischen Inschriften von Sendschirli, S. 31.

man תוכחות nennt (Lev. Kap. 26 und Deuter. Kap. 27). Es
sind die Vertragsformeln, welche das Bündniss (ברית) zwischen
Gott und seinem Volke sanctioniren. Als Bestätigung dieser
Auffassung wie als Beispiel gleichartigen Styles führe ich hier
zwei Stellen aus der Annaleninschrift Assurbanipals an und setze
vergleichungsweise die betreffenden Stellen aus Deuteronomium
hierher.

Assurbanipal Annaleninschrift Col. IX

(53) *U-ai-ti-' a-di ummânâti-šu*	(53) Uaiti' und seine Truppen (54),
(54) *ša a-di-ia la is-su-ru . . . . . .*	welche die mir geleisteten Eide nicht
(58) *su-un-ku ina bi-ri-šu-nu iš-ša-*	gehalten hatten . . . Mangel ent-
kin-ma (59) *a-na bu-ri-šu-nu í-ku-lu*	stand unter ihnen und (59) gegen
šîr mârî-šu-nu (60) *ina ar-ra-a-ti*	ihren Hunger assen sie das Fleisch
ma-la ina a-di-í-šu-nu šaṭ-ra (61)	ihrer Kinder, (60) den Flüchen
ina pid(?)-ti i-ši-mu-šu-nu-ti Ašur	gemäss, so viele deren auf
etc.	ihrer Vertragsurkunde ge-
	schrieben war, brachten sie (61)
	ins Verderben der Gott Assur etc.

Deut. 29, 19:   ורבצה בו כל האלה הכתובה בספר הזה:

und 29, 20: ככל אלות הברית הכתובה בספר התורה הזה:

Vgl. besonders dazu noch Ez. 17, 11—21, wo der Prophet
den Vertragsbruch Ṣidķija's schwer verdammt.

Assurbanipal Annaleninschrift Col. IX, Z. 68 ff.

(68) ... *nîši   (mâtu) A - ri - hi   ištin   a - na   iššin*

(69) ... *iš - ta - na - ' - a - lum   a - ha - miš*

(70) ... *um-ma   ina   ili   mi - ni - í   ki - i   ip - ši- ...*
... i - tu   a - ni - tu   limuttu

(71) ... *im - hu - ru   (mâtu) A - ru - ha*

(72) [cuneiform] u - ma   aš-ḥu   a - di - i   raḫûti   ša   Aššur

[cuneiform] la   ni - iṣ - ṣu - ra

(73) [cuneiform] ni - iṣ - ṣu - u   ina   ṭâbti   Aššur - bani - pal

Assurbanipal.　　　　　　　　　　　Deuter. 29, 24.

(68) Die Leute von Arabien, der eine den anderen, (69) fragten einander: „Warum hat Arabien (71) derartiges Böses erfahren?" (72) [und antworteten einander]: „Weil wir die grossen Eide bei Assur nicht gehalten (73) und gefrevelt haben gegen die Güte des Assurbanipal."

Und es werden sagen die Völker: „Warum hat Gott Derartiges gethan diesem Lande, weshalb ist dieser grosse Zorn?" Und sie werden antworten: „Weil sie verlassen haben den Bund des Herrn, des Gottes ihrer Väter, den er mit ihnen geschlossen hatte, als er sie hinausführte aus dem Lande Egypten."

Diese Beispiele, glaube ich, genügen vollkommen nicht nur die Gleichartigkeit der stilistischen Entwicklung zu beweisen, sondern auch darzuthun, dass die grossen Litteraturen Vorderasiens von einander abhängig waren und auf einander einen bestimmenden Einfluss ausgeübt haben. Es darf also durchaus nicht als gewagt gelten, in Ezechiel, der im Lande Babylon gelebt hat, Spuren der keilschriftlichen Litteratur zu erkennen.

Errata.

S. 14, Z. 15 l. S. 13 für S. 14.

S. 15, Z. 5 v. u. l. nördlicher für südlicher.

S. 16, Note 2 l. Luzzatto und Hitzig.

S. 24, Z. 9. v. u. l. 8, 2 für 10, 4.

S. 58, Z. 5 l. فمدماكًا.

S. 59, Note 1 l. طْلوب für طْرِوب.

Inhaltsübersicht.